ESSAI

LA CERTITUDE

DANS LE

DROIT NATUREL,

PAR

EDMOND PICARD,

DOCTEUR EN DROIT, AVOCAT DU BARREAU DE BRUXELLES.

> Il y a trois degrés dans la connaissance : la certitude, la vraisemblance et la possibilité. Dans la science du droit naturel il y a pour l'homme beaucoup de possibilité, quelque peu de vraisemblance, presque pas de certitude.

BRUXELLES.

BRUYLANT-CHRISTOPHE & COMPAGNIE, LIBRAIRES-ÉDITEURS,

RUE BLAES, 31.

1864

ESSAI

SUR

LA CERTITUDE

DANS

LE DROIT NATUREL

Impr. de Bruylant-Christophe et Cie, rue Blaes, 31

ESSAI

SUR

LA CERTITUDE

DANS LE

DROIT NATUREL,

PAR

EDMOND PICARD,

DOCTEUR EN DROIT, AVOCAT DU BARREAU DE BRUXELLES.

> Il y a trois degrés dans la connaissance : la certitude, la vraisemblance et la possibilité. Dans la science du droit naturel il y a pour l'homme beaucoup de possibilité, quelque peu de vraisemblance, presque pas de certitude.

BRUXELLES.

BRUYLANT-CHRISTOPHE & COMPAGNIE, LIBRAIRES-ÉDITEURS,

RUE BLAES, 31.

1864

PRÉFACE.

Comme toutes les sciences philosophiques, le droit naturel est peu répandu. Les ignorants ne voient dans son étude que des spéculations inutiles, et quant à ceux qui, pénétrant plus avant dans les choses, ont entrevu tous les trésors qu'il livrera peut-être un jour aux besoins de l'humanité misérable, enchaînés la plupart du temps par les nécessités de la vie pratique, obligés de conformer leur conduite à cette multitude d'usages arbitraires qui règlent les sociétés actuelles, ils se résolvent à délaisser une étude dont aujourd'hui l'unique avantage est de jeter de loin en loin un pâle reflet sur les réformes des législations positives. Car, de notre temps, on ne peut compter pour un avantage la satisfaction de l'âme, heureuse d'avoir cherché et découvert la vérité.

Ce délaissement presque général de la science du droit naturel, ce dédain, empreint souvent de moquerie, que l'on affecte pour ceux qui, sortant des rangs de la foule, en entreprennent courageusement l'étude, sont cependant une faute et une injustice. Qui dit droit naturel dit en effet la perfection du droit ; mépriser cette perfection est une folie ; ridiculiser ceux qui se dévouent pour tenter de la découvrir dans les entrailles mystérieuses de l'inconnu, est une iniquité. Le droit naturel est la seule source où l'on peut puiser légitimement le droit positif; celui-ci n'a de valeur que lorsqu'il est conforme à celui-là ; dès qu'on s'imagine, à tort ou à raison, qu'il le viole, il sort une protestation de la conscience indignée. C'est dans le droit naturel que les réformateurs du droit cherchent la justification de leurs doctrines nouvelles, et jamais peut-être autant qu'aujourd'hui ce titre de son utilité n'a pu paraître meilleur, puisque jamais l'homme ne s'est montré plus altéré de progrès, et n'a marché d'un pied plus impatient sur la route profonde de l'avenir.

En choisissant le droit naturel pour objet du travail dont je soumets le résultat au public, j'ai donc cru faire une œuvre utile : je contribue, en effet, dans les limites de mes forces, à réparer les outrages de la foule envers une science qui devrait être sacrée pour elle ; ma première récompense sera peut-être d'obtenir pour cet essai l'intérêt qui se donne volontiers à qui sort des chemins battus.

Mais ce n'est pas non plus sans motifs que parmi tant de sujets, les uns curieux, les autres importants, que m'offrait la science à laquelle je me suis arrêté, j'ai choisi la question de savoir si la certitude dans le droit naturel était possible pour l'homme, et dans quelles limites. En lisant les ouvrages où il a été traité de cette science, en écoutant ceux qui s'en occupent, j'ai presque toujours pu constater que l'on confondait les principes dont la légitimité n'est que possible ou vraisemblable avec ceux dont la légitimité est certaine, et que dans un corps de doctrine on les plaçait tous sur la même ligne en leur attribuant la même valeur. Il semble permis de dire qu'il suffit d'ouvrir au hasard un traité quelconque de droit naturel pour y découvrir cette erreur, à savoir une hypothèse plus ou moins heureuse présentée comme le dernier mot de la science. Or cette manière de procéder, en même temps qu'elle explique les contradictions des écoles (car tandis que la certitude suppose l'unité, la vraisemblance laisse, au contraire, place à la diversité), cette manière de procéder, dis-je, est dangereuse dans ses résultats. Elle expose le droit naturel aux risées et au mépris du public qui se refuse à prendre au sérieux une science où la vérité certaine de l'un est le contre-pied de la vérité certaine de l'autre; où celui-ci exalte ce que bafoue celui-là. Elle peut de plus causer des erreurs regrettables quand, sur la foi des allégations téméraires d'un philosophe qui se prétend arrivé à la certitude, les nations mettent en pratique le système qu'il a formulé; système qui n'est souvent qu'une hypothèse funeste déguisée sous l'apparence du bien, et que les événements condamnent par les calamités qui en résultent pour l'humanité trop confiante.

Il importe donc pour que la science du droit naturel conserve cette dignité à laquelle elle peut prétendre, pour que ses apôtres ne soient pas humiliés par des démentis donnés à leurs doctrines, pour que l'homme ne souffre pas de l'application étourdie d'une organisation équivoque, mais présentée comme incontestable, que chaque fois qu'un penseur se décidera à semer parmi les hommes les fruits de ses travaux. il veille avec le plus grand soin à n'affirmer comme certain que ce qui l'est en réalité, et à déclarer sans hésitation dans quels cas il n'y a que de la possibilité ou de la vraisemblance. S'il reconnaît que le champ de la certitude est étroit, s'il voit infliger cette douleur à son orgueil d'homme et à sa soif de connaître, au moins pourra-t-il se dire qu'il ne trompe plus sous le couvert de la vérité.

C'est pourquoi, animé du désir de faire un nouvel effort pour mettre un terme à cette confusion où les connaissances certaines, vraisemblables et possibles sont mêlées dans une promiscuité fâcheuse, j'ai voulu tenter de réunir en un groupe séparé les premières, et de contribuer ainsi à un triage qui, s'il réussit, sera une victoire remportée sur le mensonge et un nuage de moins sur le droit naturel. Certes ce que je dirai ne recevra pas de ma part tout le développement que l'on y peut donner et qui est sans doute nécessaire pour que l'on en comprenne toute la justesse. Bien des explications seront écourtées, bien des démonstrations ne seront qu'ébauchées. Mais un travail du genre de celui que j'entreprends ne peut être considérable, et je devrai le maintenir dans les bornes resserrées d'un simple essai. Le lecteur verra que j'ai indiqué les vérités capitales de la matière, et que je ne les ai pas épuisées.

Pourtant j'espère que tout informe qu'est cette étude, elle atteindra le but que je me suis proposé.

Aux philosophes je rappellerai une distinction importante

trop souvent oubliée; à ceux qui ne le sont pas je révélerai une vérité capitale qu'ils ignorent peut-être. Ils seront en petit nombre, car la foule dédaigne les noms obscurs. Il m'importe peu : stérile ou féconde, c'est à la science que je dédie mon œuvre. Toutes les prières, même les plus humbles, plaisent à la Divinité; ainsi toutes les tentatives pour répandre la vérité doivent être agréables à la science.

ESSAI

SUR

LA CERTITUDE

DANS

LE DROIT NATUREL.

NOTION. — DIVISION.

Le titre de cet opuscule ne donnerait qu'une idée imparfaite du sujet que j'y ai traité. C'est qu'un titre ne saurait être long. Pour mieux instruire le lecteur, je dirai donc que je me suis proposé de développer dans cette étude la démonstration du problème dont voici l'énoncé :

« *La certitude dans la science du droit naturel, est-elle possible pour l'homme dans son état actuel, et dans quelles limites?* »

L'exposé de tout ce qui me paraîtra nécessaire pour faire comprendre au lecteur la solution que je crois devoir donner à ce problème, et pour le convaincre de l'exactitude de cette solution, sera, je le répète, l'unique objet de mes efforts; on trouvera ci-après tout ce que j'ai cru que la démonstration comporte, mais on n'y trouvera que cela.

Cette démonstration est destinée à amener, par une suite de raisonnements, une réponse adéquate à la question dans laquelle est formulé l'énoncé. Et comme j'ai naturellement le dessein de persuader au lecteur que cette démonstration est légitime, il faudra que je rende pour lui aussi évidente que possible l'équation entre la réponse et la question à laquelle elle se rapporte. Or, je ne pourrai atteindre ce résultat que si l'une et l'autre sont également bien comprises par ceux qui me liront. Comment jugerait-on de la valeur de ma réponse, si l'on ne comprenait pas la question qui m'est faite? Il ne suffira donc pas que je développe la réponse dans la plénitude des conditions qui lui conviennent; il faudra que je donne également toutes les explications qui me paraîtront opportunes pour faire disparaître l'incertitude qui peut régner sur les termes de l'énoncé.

Et que l'on ne croie pas qu'en agissant ainsi je prenne un soin superflu; que l'on ne m'oppose pas que d'ordinaire on trouve les questions assez claires par elles-mêmes pour qu'il soit permis de négliger d'en expliquer les mots. Il n'en est pas de même ici que dans les cas ordinaires : la question comprend en effet des termes, comme « la certitude dans la science, » et « le droit naturel » qui sont enveloppés de l'obscurité que leur ont donnée. pour le vulgaire, leur nature scientifique, pour les philosophes, les significations diverses qu'on leur a prêtées. Elle ne saurait dès lors être comprise avec le sens que je lui ai attribué sans que je m'explique sur ce sens, et c'est ce qui fait que je n'agis pas comme si j'étais en présence de mots qui auraient pour tout le monde une signification connue.

Ces observations prouvent que de prime abord la tâche que je me suis proposé d'accomplir, se divise en deux parties :

Exposé de la signification de l'énoncé du problème.

Exposé de la démonstration de ce problème.

J'adopterai cette division dans les développements qui vont suivre.

PREMIÈRE PARTIE.

EXPOSÉ DE LA SIGNIFICATION DE L'ÉNONCÉ DU PROBLÈME.

J'ai, dans cette première partie, à faire connaître, aussi clairement que je le pourrai, le sens de cette expression : « La certitude dans la science du droit naturel, est-elle possible pour l'homme, dans son état actuel et dans quelles limites? »

Puisque j'étais libre de choisir moi-même le problème que je devais résoudre, je n'ai pas à rechercher quelle est la signification que la langue française a attribuée à chacun des termes de cet énoncé, mais celle que moi, en particulier, j'ai eu le dessein de leur donner. Certes, il convenait autant que possible que je suivisse les lois de cette langue, car en recourant à elle je me soumettais à son empire; et, en fait, je me suis efforcé de rester d'accord avec elle en toute circonstance. Mais je n'ai pas à prouver que j'ai réussi en cela, et si, malgré mes désirs, je n'y étais pas parvenu, on ne pourrait m'accuser que d'une incorrection de langage, et non pas d'avoir travesti par caprice ou par ignorance l'énoncé d'une question qu'il appartenait à moi seul de poser.

C'est donc en vain que le lecteur chercherait, dans ce qui va suivre, la preuve que la signification que j'attribue aux termes de l'énoncé est celle que leur a donnée le langage. Cette preuve peut, dans certains cas, avoir son utilité; mais ce n'est pas ici qu'elle serait à sa place. Je me bornerai à expliquer le sens qu'a, dans ma pensée, chacun de ces termes, et c'est dans les strictes limites de cette explication que je veux me renfermer.

L'énoncé que je me propose d'éclaircir peut être démembré en expressions partielles, à savoir : « la certitude dans la science, » — « le droit naturel, » — « l'homme dans son état actuel, » — « la possibilité et ses limites. » Chacune d'elles, considérée isolément, provoquera de ma part une série d'explications particulières; mais après que j'aurai expliqué leur sens respectif tout ne sera pas fini; car elles n'existent pas isolées dans l'énoncé; elles y sont, au contraire, reliées les unes aux autres et c'est leur ensemble qui le constitue. Il faudra donc que j'explique également quel sens nouveau présente cet ensemble.

Avant d'aborder mon sujet de plus près, qu'il me soit permis de faire une dernière remarque sur la méthode que j'ai adoptée.

Ce serait une erreur de croire que le meilleur moyen qui puisse être choisi pour donner une idée parfaite du sens de chacun des termes de l'énoncé, est d'en formuler la définition. La définition en effet, quand on la prend dans toute sa rigueur logique, exige, tant dans le fond que dans la forme, des conditions précises qui nuisent quelquefois à la clarté. Certes, cette rigueur est parfois de mise, mais non pas ici où le but unique de mes efforts est de m'expliquer clairement. Je ne me préoccuperai donc pas de trouver des définitions irréprochables, je ne les écarterai pas non plus de parti pris. Mais cherchant avant tout à donner des termes de l'énoncé les explications les plus nettes possibles, j'accepterai sans distinction tout ce qui me paraîtra convenir pour y arriver.

Les observations que je viens de formuler ont eu pour but de faire mieux apprécier par le lecteur ce qui m'était permis, et de répondre ainsi d'avance aux objections qu'un examen plus superficiel aurait peut-être provoquées.

J'arrive maintenant au fond même de la matière et je vais faire connaître d'abord ce que j'ai voulu désigner par cette expression « *la certitude dans la science.* »

M'occupant en premier lieu de l'un des mots les plus importants de cette expression, je dis que, pour moi, « la science » est l'ensemble des connaissances réelles et exactes, qui sont certaines ou légitimement vraisemblables.

Cette proposition paraîtra sans doute de nature à exiger elle-même des éclaircissements. Je m'y arrête donc.

J'entends par connaissance toute conception intellectuelle. Or, une conception intellectuelle quelconque suppose trois conditions : d'abord un sujet, c'est-à-dire une intelligence capable de connaître; ensuite un objet, c'est-à-dire un être susceptible d'être connu; enfin un rapport tel entre le sujet et l'objet, que l'être est connu par l'intelligence.

Une connaissance peut avoir pour objet soit un être qui fait partie de la réalité, soit un être qui n'existe que dans l'imagination. Dans le premier cas, je dis que la connaissance est réelle, et dans le second cas, qu'elle est imaginaire. Donc ce qui fait qu'une connaissance mérite ce nom de réelle, c'est uniquement la nature de son objet.

Les connaissances réelles peuvent être divisées en connaissances exactes et en connaissances erronées. Elles sont exactes quand une intelligence connaît un être réel véritablement tel qu'il est dans la réalité; elles sont erronées chaque fois qu'une intelligence conçoit un être réel en tout ou en partie autrement qu'il n'est dans la réalité. Ce n'est donc plus ici l'objet qui détermine l'espèce de la connaissance, mais c'est le rapport; en effet, il résulte de ce qui précède que la connaissance sera exacte ou erronée, selon que le rapport de perception sera complet ou incomplet.

Je viens d'exposer ce qu'il faut entendre par une connaissance réelle exacte. Je vais maintenant continuer l'examen des conditions que j'ai énumérées comme étant nécessaires pour qu'il y ait connaissance scientifique, en expliquant ce que j'entends par une connaissance certaine ou légitimement vraisemblable.

Je commence par dire que les connaissances réelles exactes sont motivées ou non motivées. Elles sont motivées toutes les fois qu'un esprit cherchant à concevoir un être réel exactement, c'est-à-dire tel qu'il est dans la réalité, s'est arrêté à une connaissance qu'il a des motifs pour croire être l'exacte représentation de l'objet qu'il désirait concevoir. Ces connaissances sont au contraire non motivées, toutes les fois qu'un esprit adopte, pour représenter un être réel, une connaissance qui, par l'effet du hasard, correspond exactement à cet être, mais sans que l'esprit ait eu aucun motif pour croire à cette exacte correspondance.

Essayons de rendre ce point plus clair par un exemple, dans lequel sera compris également ce que j'ai dit plus haut des connaissances réelles et exactes.

Quand ayant observé un animal, un arbre, une maison ou tout autre objet du monde réel qui m'environne, et désirant les concevoir tels qu'ils sont dans la réalité, je me les représente intellectuellement sous les formes, les couleurs et les autres attributs qui ont été transmis à mon esprit par l'observation à laquelle j'ai procédé, j'ai de ces divers objets une représentation qui a les caractères requis pour constituer une connaissance réelle, exacte et motivée. Cette connaissance est réelle, car elle a pour objet un animal, un arbre, une maison qui existent dans la réalité. Elle est exacte, car je conçois ces objets tels qu'ils sont dans la réalité. Elle est motivée, car je ne lui ai donné chacun des éléments que je lui prête, que parce que l'observation m'a convaincu que l'être observé les possédait dans la réalité. Mais s'il s'agissait d'objets imaginés par un romancier ou un poëte, et que de plus on se fût borné à me les citer, sans me donner aucun détail sur ce qu'ils furent pour leurs créateurs; si enfin je me les représentais sous les premières formes et les premières couleurs venues, qui ne seraient pas celles qu'on leur aurait attribuées, ma connaissance ne serait ni réelle, puisqu'elle aurait pour objet des êtres imaginaires, ni exacte, puisque les caractères que j'aurais attribués à ces êtres ne seraient pas les leurs, ni enfin motivée, puisque rien ne m'autorisait à croire que les formes que je leur ai données fussent leurs formes véritables.

La division des connaissances réelles exactes en motivées et non motivées, m'amène à la division de ces connaissances en certaines et douteuses. Les premières sont celles dont les motifs ayant au surplus pour but de justifier, comme je l'ai dit, la représentation que l'esprit se fait de l'objet de la connaissance, sont absolument irréprochables. Les secondes sont ou bien celles qui n'ont, pour justifier la représentation que l'esprit se fait de l'objet de la connaissance que des motifs auxquels on peut trouver plus ou moins à redire : on les nomme alors connaissances vraisemblables; ou bien celles qui sont totalement dépourvues de motifs : on peut les nommer alors connaissances possibles. Ainsi, par exemple, je puis être absolument convaincu, par des motifs que je juge irréprochables, que la représentation que je me fais d'un être réel correspond exactement à ce qu'il est dans la réalité; que tel je le vois, tel il existe : ma connaissance est certaine. Mais il se peut aussi que je ne sois pas aussi complétement convaincu, qu'il y ait dans mon esprit un doute, et que ce doute soit contre-balancé par des raisons qui me font incliner à croire que je ne me trompe pas : ma connaissance alors est vraisemblable. Il se peut, enfin, que je me trouve dans un état de doute absolu, que je ne sois ni pour ni contre, que rien ne me fasse pencher dans un sens plutôt que dans un autre : dans ce dernier cas, ma connaissance est simplement possible.

Ainsi il y a trois degrés nettement distincts dans la connaissance : la certitude, la vraisemblance et la possibilité, ces deux derniers se réunissant pour constituer le doute. Cette division des connaissances est fondée soit sur la nature soit sur la présence des motifs qui peuvent être donnés à l'appui de ces connaissances. Aux deux extrémités de l'échelle, se trouvent la certitude et la possibilité ; l'une suppose la conviction absolue, l'autre le doute absolu. Entre elles est placée la vraisemblance, qui comprend tous les cas où la connaissance est accompagnée de motifs qui, entraînant l'esprit vers la conviction sans la lui donner complétement, font que la connaissance est sortie du doute absolu sans cependant être entrée dans la certitude.

Il résulte de ce qui précède que les connaissances vraisemblables peuvent être vraisemblables à divers degrés : il y a un vaste espace entre le doute et la certitude. Entre l'absence de motifs et la plénitude de motifs, il y a une infinité de nuances. Tantôt les connaissances peuvent être accompagnées de motifs qui les rapprochent tellement des connaissances certaines, qu'elles sont près de se confondre avec celles-ci. Tantôt elles peuvent avoir si peu de motifs, qu'elles sont voisines des connaissances possibles et qu'on les en distingue à peine. Tantôt enfin, elles peuvent se trouver comme en équilibre entre ces deux points extrêmes. Or, cette grande échelle des vraisemblances se divise en deux sections : ou bien le degré de vraisemblance est tel, que l'esprit se sent fortement entraîné à croire que l'objet de la connaissance est vraiment tel qu'il est conçu ; ou bien le degré de vraisemblance est trop faible pour que l'esprit puisse sans légèreté croire que cet objet est tel qu'il est conçu. C'est aux conceptions intellectuelles contenues dans la première de ces deux catégories que je réserve le nom de connaissances légitimement vraisemblables.

Avant de résumer les explications que je viens de terminer sur les divers éléments qui, d'après moi, sont nécessaires pour constituer la science, je crois bon de faire une remarque sur la terminologie que j'ai adoptée. Les qualifications de certaine, de vraisemblable et de possible que j'ai appliquées à la connaissance n'expriment pas rigoureusement la pensée que j'ai voulu rendre. En effet, dans tous les cas que j'ai envisagés la connaissance existe certainement ; ce n'est pas son existence à elle qui est vraisemblable ou possible; c'est l'existence réelle de son objet et l'exactitude de la représentation que l'esprit se fait de cet objet qui sont certaines, possibles et vraisemblables. Mais je n'aurais pu agir autrement que j'ai fait sans alourdir ma terminologie en l'allongeant, et, forcé de choisir, j'ai préféré la brièveté à la correction

Je pense qu'au moyen de ces divers développements on a compris quel est le sens que j'ai voulu donner à l'explication que je présentais plus haut de cette expression « la science, » quand je disais que, pour moi, la science est l'ensemble des connaissances réelles et exactes qui sont certaines ou légitimement vraisemblables. J'espère que le lecteur ne se récriera pas en me voyant admettre dans la science autre chose que la certitude, en voyant que j'y donne accès même à la vraisemblance. Qu'il se souvienne que la seule vraisemblance que j'y tolère est celle que j'ai nommée légitime, parce qu'elle semble s'imposer à l'esprit qui doit, en quelque sorte, veiller sur lui-même et faire un effort pour ne pas la confondre avec la certitude; qu'il considère aussi que presque toutes les sciences de nos jours ne sont composées que de connaissances de cette sorte; la solution même du problème que je me propose de résoudre lui en donnera un exemple de plus; qu'enfin c'est parmi ces connaissances qu'il faut ranger la permanence des lois de la nature, cette connaissance si incontestablement scientifique, et bien d'autres aussi dignes d'être acceptées par les plus difficiles, mais que je m'abstiens d'énumérer ici.

Je n'aurai maintenant aucune peine à faire comprendre ce que signifient ces mots : « la certitude dans la science. » Ils sont, en effet, déjà élucidés par ce qui précède. On a vu que la certitude et la vraisemblance légitime se partagent le domaine de la science et qu'elles ne sauraient être confondues sans erreur. La certitude dans la science ne comprend que les connaissances certaines : elle exclut rigoureusement les connaissances légitimement vraisemblables. Elle ne suppose pas le moindre doute, au contraire de ces dernières qui, quoique scientifiques parce qu'elles sont appuyées de graves motifs qui font présumer qu'elles sont réelles et exactes, restent néanmoins toujours douteuses. Je le répète donc, la certitude se distingue nettement de la vraisemblance légitime qui, elle aussi cependant, a son rang dans la science. L'une ne se compose que de vérités inébranlables; l'autre ne comprend que des connaissances qui peuvent à un moment donné, quelque vraisemblables qu'elles soient, être démenties par une découverte. Pour n'éprouver aucune déception quand pareil démenti survient, il faut avoir soin de ne jamais attribuer à une connaissance un caractère qu'elle ne mérite pas. C'est là une recommandation qui de tout temps fut opportune, car ils ne sont que trop nombreux les exemples de philosophes qui, sans s'en apercevoir, ont traité de simples hypothèses avec les honneurs qui ne sont dus qu'à la certitude, et qui ont payé, par le discrédit où sont tombées leurs œuvres, la peine de la confusion qu'ils avaient commise.

Après avoir ainsi épuisé les explications qui m'ont paru utiles pour faire comprendre le sens qu'ont dans l'énoncé du problème ces mots : « la certitude dans la science, » je passe à celles qui concernent cette autre expression : « *le droit naturel.* » Elles ont une importance peut-être plus grande que les précédentes, car outre que l'on a en général une notion plus complète de ce qu'est la science que de ce qu'est le droit naturel, les philosophes s'entendent moins sur le sens de ces derniers mots que sur celui des premiers. A cause de cette diversité d'opinions, je rappellerai au lecteur que j'étais maître de choisir parmi elles celle qui m'a paru la plus convenable, et que ce serait, dès lors, sortir du champ où j'ai voulu circonscrire la discussion, que de m'attaquer sur le choix que j'ai fait.

Le droit est pour moi l'ensemble des rapports d'organisation qui sont sanctionnés par une loi et que l'on peut légitimement garantir par une contrainte obligatoire.

Cette proposition nécessite certainement un commentaire. Aussi vais-je essayer d'en présenter un qui satisfera le lecteur.

C'est, dis-je, l'ensemble des rapports... Je m'arrête à ce dernier mot. Il y a un rapport chaque fois qu'il existe deux êtres dans l'un desquels au moins il se trouve certains éléments qui ont leur raison d'être dans l'autre. Ainsi, pour prendre un exemple dans le droit lui-même, si je me suppose propriétaire d'un champ, il y a un rapport entre moi et ce champ, car la qualité de propriétaire, qui est un des éléments de ma personnalité, exige nécessairement l'existence de ce champ. Un rapport n'implique donc pas, outre l'existence des deux êtres qui en sont les termes, quelque chose d'extérieur à l'un et à l'autre et qui les relie, comme on est assez enclin à le croire à première vue. Il n'y a rien en dehors des deux termes ; ce qui les relie entre eux, c'est, je le répète, qu'il existe dans l'un certains éléments qui trouvent leur raison d'être dans l'autre. Ils sont entre eux, quand on les sépare, comme une boîte et son couvercle, comme une cognée et son manche. Qui voit ceux-ci pense immédiatement à ceux-là.

Les rapports qui peuvent exister entre les êtres sont très-variés. Il y a, par exemple, des rapports de sentiment, quand une personne aime ou hait une autre personne ; des rapports de connaissance, dont j'ai déjà eu l'occasion de parler dans le cours de cet opuscule, quand un esprit connaît quelque chose. Il y a aussi des rapports d'organisation que j'ai mentionnés dans l'explication que j'ai donnée tantôt du droit et auxquels, pour cette raison, je vais m'attacher plus particulièrement.

J'entends par rapports d'organisation ceux qui, dérivant d'un organisme quelconque, existent entre les diverses choses qui composent cet organisme. En admettant, par exemple, que le corps humain est un organisme, que par suite il est composé de diverses parties destinées à se relier les unes aux autres, construites chacune de façon à s'agencer avec les autres, devant avoir les unes sur les autres une action particulière ; en admettant encore que ces rapports dérivent de l'organisme humain lui-même et non pas d'une force étrangère qui les aurait accidentellement produits; tous ces rapports seront ce que je nomme des rapports d'organisation. Et de même, dans une société organisée, les rapports des citoyens entre eux ou des citoyens avec les richesses sociales, conformément aux lois qui régissent la société, sont des rapports d'organisation.

Pour exprimer les relations qui existent entre deux choses quand elles sont l'une vis-à-vis de l'autre dans un rapport d'organisation, on se sert le plus souvent du terme « revenir; » on dit que l'une revient à l'autre. C'est ainsi que les Romains définissaient le droit en disant : *Suum cuique tribuere*, rendre à chacun ce qui lui revient, rendre à chacun le sien, c'est-à-dire établir entre les hommes et les choses les rapports d'organisation qui leur conviennent. Seulement ils oubliaient dans leur formule que ce rapport ne suffit pas pour qu'il y ait droit, qu'il faut encore, ainsi que je le ferai mieux voir dans la suite, une loi et une contrainte qui y soient attachées. Si je me suis servi de cette expression « rapport d'organisation » plutôt que de cette autre « rapport qui consiste dans une chose qui revient à un être, » c'est que la première m'a paru plus précise, le mot « revenir » étant par lui-même équivoque, et que, de plus, elle exprime la nature même du rapport, tandis que la seconde n'exprime qu'une de ses conséquences.

Les rapports d'organisation ne supposent pas absolument une organisation rationnelle; il suffit qu'il y ait une organisation quelconque; il importe peu qu'elle soit arbitraire ou non. Des rapports se présentent aussi bien dans un monstre que dans un corps bien constitué, aussi bien dans le phalanstère de Fourier que dans la république de Solon.

Une autre vérité dont on ne saisira toute l'importance que plus tard, c'est que les rapports d'organisation existent, qu'ils soient réalisés ou qu'ils ne le soient pas, pourvu, bien entendu, que l'organisme lui-même existe. Ainsi, pour reprendre les exemples dont je viens de me servir, il y a, certes, des rapports d'organisation quand les diverses molécules qui composent le corps humain sont, à un moment donné, agencées dans l'ordre que la nature a établi entre elles ; de même quand les Athéniens eurent mis en pratique les principes de Solon et que leur cité se régla sur eux en toutes choses, les divers éléments, hommes et choses, qui composaient la république athénienne, eurent entre eux des rapports d'organisation. Mais ces rapports n'en existaient pas moins entre ces molécules, avant leur agencement dans un corps déterminé, alors qu'elles étaient encore dispersées dans la nature, pourvu qu'elles fussent destinées à se réunir un jour ; de même ils n'en existaient pas moins dans Athènes quand la constitution nouvelle eut été adoptée, quoiqu'elle n'eût pas encore été mise en pratique. En effet, dans ces deux derniers cas, l'organisme ne pouvait se réaliser qu'en présupposant l'existence des rapports non réalisés entre les diverses choses destinées à se réunir. Il est donc vrai que, pour exister, les rapports d'organisation n'ont pas besoin d'être réalisés. Séparez la boîte de son couvercle, enlevez son manche à la cognée, jetez l'un d'un côté l'autre d'un autre, les rapports entre le couvercle et la boîte, entre la cognée et le manche n'en existeront pas moins.

Les rapports d'organisation peuvent être sanctionnés par une loi. Une loi est une chose relative ; ce qui est loi pour l'un ne l'est pas pour l'autre ; tout dépend du point de vue auquel on se place. Il y a loi à l'égard de quelqu'un quand il est soumis à une certaine règle qu'il n'est pas libre de modifier ; cette même règle n'est plus une loi pour celui qui peut la modifier à sa volonté. Par conséquent, si l'on admet que le développement organique du corps humain est soumis à une règle qu'il n'est au pouvoir de personne de modifier, cette règle sera une loi, et dès lors il faudra dire que les rapports d'organisation qui existent entre les diverses parties du corps humain sont sanctionnés par une loi. C'est ainsi encore que, dans les sociétés humaines, on dit que les droits et obligations des citoyens sont sanctionnés par une loi, parce qu'ils dérivent d'une règle que les particuliers ne peuvent changer à leur gré, mais qui au contraire les domine.

Que ce dernier exemple ne fasse cependant pas croire que pour qu'il y ait loi, il faut nécessairement l'intervention d'un pouvoir législatif tel que l'ont établi les diverses constitutions des peuples. Ce serait lui donner en effet un sens vulgaire et restreint qui n'en est pas le sens exact. Il suffit, je le répète, d'une puissance supérieure qui régit les choses malgré elles. Ce serait certes une inconséquence de refuser le nom de loi aux règles immuables en vertu desquelles les planètes décrivent leurs orbites dans l'espace, pour l'accorder aux prescriptions souvent capricieuses du moindre potentat. Et cependant on peut revendiquer pour celles-ci une source législative qui fait absolument défaut à celles-là.

Les prescriptions d'une loi peuvent être ou ne pas être garanties par une contrainte qui sert tantôt à en amener l'application, tantôt à maintenir cette application. Supposons-nous, par exemple, à une de ces époques où des peuples entiers se rendaient maîtres du territoire d'une nation voisine. Les conquérants ont déterminé le lot qui reviendra à chacun d'eux dans les terres conquises, mais la mise en possession n'a pas encore eu lieu. Il y a là une organisation, mais elle n'est pas encore mise en pratique. Cependant la volonté commune est que chacun obtienne sa part du butin et cette volonté commune fait loi. On est décidé à employer au besoin la force pour amener les récalcitrants à souffrir la consommation du partage et à le respecter quand à chacun aura été faite l'attribution de la propriété qui lui revient. Il y aura en cela une loi dont les prescriptions seront garanties par une contrainte qui est, comme on le voit, un fait extérieur à la loi et qui lui sert d'auxiliaire.

Or, une contrainte peut être obligatoire, en ce sens, qu'en cas de trouble causé au rapport qu'elle est destinée à protéger, il arrivera que cette contrainte sera nécessairement appliquée pour faire cesser ce trouble, ou simplement facultative quand, dans le même cas, il sera permis d'exercer ou de ne pas exercer la contrainte. Ainsi, par exemple, chez les peuples civilisés une contrainte obligatoire est celle qui garantit la propriété; ces peuples n'admettent pas en effet qu'il dépende du caprice de quelqu'un de réprimer ou de tolérer les atteintes que l'on y porte; chaque propriétaire lésé qui réclame doit obtenir protection; lui refuser cette protection serait de l'arbitraire ou de l'anarchie. Une société où cette protection n'existerait pas, serait regardée comme une société de sauvages. Mais ces mêmes peuples considèrent comme des contraintes facultatives toutes celles que l'on peut employer pour amener l'accomplissement des devoirs de pure morale; telles sont, par exemple, les prix d'ordre et de propreté, les couronnes destinées aux rosières, les prix Montyon, etc. Une société dans laquelle ces institutions n'existeraient pas, où l'on se bornerait à en permettre l'établissement sans l'exiger, n'en paraîtrait pas moins bien organisée, et c'est ce qui montre l'exactitude de la distinction que j'ai faite entre la contrainte facultative et la contrainte obligatoire : il y a des lois dont les prescriptions sont garanties par la seconde et d'autres qui ne comportent que la première.

Je fais remarquer que, de même que précédemment j'ai pu dire qu'il importait peu, pour que des rapports d'organisation existassent, qu'ils fussent réalisés ou non, de même je puis dire ici qu'une contrainte existe, qu'elle soit réalisée ou qu'elle doive légitimement l'être. Cela est vrai notamment pour la contrainte obligatoire qui, faisant partie de l'explication que j'ai donnée du droit, mérite que je m'en occupe plus spécialement.

Pour qu'il y ait droit il ne faut pas, dis-je, que la contrainte obligatoire soit réalisée, c'est-à-dire existe déjà; il suffit qu'il soit légitime qu'on la réalise. Il se peut que les circonstances empêchent parfois pareille contrainte d'être réalisée quoiqu'il serait convenable qu'elle le fût. Ainsi il n'est pas impossible que, durant des périodes même très-longues, on néglige dans une société de garantir par une contrainte obligatoire des rapports de droit auxquels elle conviendrait au meilleur titre. Telle a été longtemps la propriété littéraire; elle eût, dit-on aujourd'hui, mérité de tout temps d'être protégée; mais pendant combien de siècles n'a-t-on pas, par ignorance, négligé de le faire! C'était un droit, mais il était enveloppé d'obscurité; privé du secours d'une contrainte, il n'était pas moins droit pour cela, car cette contrainte eût pu lui être légitimement octroyée.

J'ai parcouru la série des mots qui entrent dans l'explication que j'ai donnée du droit. J'ai essayé d'en faire comprendre le véritable sens. J'ai complété, par une sorte de commentaire, ce qui pouvait y paraître vague. J'ai exposé que, partout où l'on découvrira des rapports d'organisation, réalisés ou non, partout où ces rapports seront sanctionnés par une loi, partout où ces rapports pourront être légitimement garantis par une contrainte pourvu qu'elle soit obligatoire, et peu importe qu'elle soit réalisée ou qu'il soit convenable de la réaliser, il y aura un droit. L'ensemble de tous ces droits particuliers composera le droit lui-même pris dans sa plus grande étendue.

Mais l'expression dont la signification a été mise en relief par les développements qui précèdent, est l'expression « le droit » prise isolément sans aucun qualificatif qui en modifie le sens. Or, ce n'est pas ainsi qu'elle se trouve dans l'énoncé; elle y est accompagnée de l'adjectif « naturel. » J'ai ajouté cet adjectif avec l'intention de lui faire produire l'effet ordinaire qui résulte de l'adjonction d'un adjectif à un nom; cet effet est de restreindre la signification du nom. Isolé, celui-ci s'appliquait, par exemple, à un genre; accompagné d'un qualificatif, il ne s'appliquera plus qu'à l'une des espèces renfermées dans ce genre. Le droit est une expression par laquelle on désigne le genre droit qui est composé des éléments communs à toutes les espèces du droit. « Le droit naturel, » est une expression qui désigne l'une de ces espèces à l'exclusion des autres. Cette espèce comprend tous les éléments du genre, éléments que j'ai fait connaître en expliquant ce que voulait dire « le droit ; » mais elle contient en outre les éléments d'une espèce, exprimés par le mot « naturel, » éléments que je vais faire connaître en expliquant ce mot.

Lorsqu'un organisme quelconque, conforme à la nature, se trouvera, à un moment donné, dans l'état le plus parfait auquel il peut atteindre eu égard à ce moment, l'état de cet organisme et de chacune des parties qui le composent sera ce que je nomme « naturel. »

Avant de discuter cette proposition, comme j'ai fait pour les précédentes, et afin que le lecteur n'attribue à ce que je dis que sa véritable portée, je crois bon de faire remarquer que dans ce qui précède comme dans ce qui va suivre, il n'y a aucun rapport nécessaire entre ce fait que j'exprime le sens d'un mot et l'existence dans la réalité de l'objet auquel ce mot est par moi appliqué. Je laisse absolument de côté, dans cette première partie, l'examen de ce dernier point. En agissant ainsi, je n'en remplis pas moins d'une manière complète la tâche que je me suis imposée : elle consiste en effet uniquement à faire connaître la signification des termes de l'énoncé. Il résulte de là que lorsque précédemment j'expliquais le sens qu'ont pour moi dans l'énoncé ces expressions « la science » ou « le droit, » je n'ai voulu ni affirmer ni nier qu'il existât dans la réalité un droit ou une science. Loin d'avoir à vérifier ces questions si elles ne pouvaient être résolues que par de longues recherches, je n'ai pas même à en enregistrer la solution si elle était d'une évidence immédiate. Ici, tout pour moi se réduit, je le répète, à dire que l'on ne pourra, à bon droit, dans la terminologie que j'adopte, appliquer à un être quelconque les mots : « certitude, » « science, » « droit, » « naturel, » que si les divers éléments que j'énumère pour chacun d'eux se trouvent réunis.

Mais si, parmi ces éléments, il en est d'obscurs, mon devoir est de les éclaircir. Ceci est une tâche toute différente. Je l'ai déjà accomplie partiellement et je vais maintenant la continuer en analysant un à un les termes de la proposition par laquelle j'ai tenté de faire saisir le sens du mot « naturel. »

« Naturel, » ai-je dit, « suppose d'abord un organisme quelconque.

J'ai déjà eu l'occasion d'exposer qu'il y avait organisme dès qu'il existait divers êtres destinés à s'agencer dans un tout commun. Pour que l'état de choses exprimé par le mot « naturel » existe, ce tout peut être un tout organisé quelconque. Il importe donc peu qu'il soit seul ou qu'il y en ait d'autres à côté de lui. Il n'importe pas plus, s'il est seul, qu'il s'étende dans l'espace et le temps infinis ou dans un espace et un temps limités. Quelle que soit sa condition sous ces divers points de vue comme sous tous les autres, il suffit qu'il soit un tout organisé pour que le premier élément de ce qui est naturel, élément que j'examine pour le moment existe tel qu'il doit être.

Cet organisme quelconque doit être conforme à la nature. Cela veut dire d'abord qu'il doit être réel. Les choses réelles, comme je l'ai déjà dit, s'opposent aux choses imaginaires. Ces dernières n'ont pas d'existence propre; elles ne sont que des conceptions de l'esprit. Quand ces conceptions disparaissent, il ne reste rien des choses imaginaires. Les choses réelles, au contraire, ont une existence propre. Elles peuvent certes être conçues par l'esprit, mais alors même qu'il n'y aurait plus d'esprit pour les concevoir, elles n'en existeraient pas moins.

Pourtant dire d'une chose qu'elle est conforme à la nature, ce n'est pas se borner à affirmer qu'elle est réelle. S'il est vrai que tout ce qui est imaginaire est contre nature, il semble qu'il ne manque pas de choses réelles qui sont contre nature également. C'est ainsi que l'esclavage des nègres est une institution très-réelle, mais qui est considérée en général comme étant contre nature. Il faut donc que j'indique quels caractères doivent être ajoutés à ce qui fait qu'une chose est réelle pour qu'elle soit conforme à la nature. J'exprime ces nouveaux caractères en disant qu'il faut que, dans la manière dont la chose est constituée on ne trouve rien qui soit contraire aux lois de la nature, soit en tout soit en partie. Je ne prétends pas soutenir qu'il existe un principe, que je pourrais appeler principe de contrariété, en vertu duquel il est possible que les lois de la nature puissent être parfois violées dans la constitution des êtres réels. J'affirme seulement que, si ce principe existe, ce ne seront que les êtres dans lesquels son action ne se sera pas fait sentir qui pourront former l'élément que j'examine actuellement parmi ceux qui sont nécessaires pour que l'on puisse dire d'un être qu'il est naturel.

Je viens de faire connaître ce que j'entends par un organisme quelconque conforme à la nature. Je dois maintenant poursuivre en expliquant ce qu'il faut pour que l'on puisse dire que cet organisme se trouve, à un moment donné, dans l'état le plus parfait auquel il peut atteindre eu égard à ce moment.

La perfection dont il s'agit ici ne doit pas être nécessairement la perfection absolue. Il suffit, en effet, que ce soit la plus haute perfection à laquelle puisse atteindre un organisme quelconque à un moment donné de son existence. Donc, s'il se faisait qu'eu égard au moment que l'on envisage, cet organisme arrivé à son état le plus parfait pour lors ne se trouvât cependant que dans une situation médiocre ou mauvaise, il n'en faudrait pas moins, d'après ce qui précède, déclarer que cette perfection est suffisante pour permettre de dire que cet organisme est « naturel. » La perfection que suppose le mot « naturel » ne serait la perfection absolue, que s'il était prouvé que la plus haute perfection à laquelle peut atteindre un tout quelconque à n'importe quel moment de son existence est identique à la perfection absolue. Or, c'est là un point important peut-être, mais qu'il est inutile de vérifier dans cette étude.

Ce n'est pas non plus nécessairement la perfection la plus haute à laquelle puisse atteindre un organisme quelconque dans les phases diverses de son existence. La perfection dont il est ici question n'est pas en effet la perfection à un moment unique de l'existence d'un organisme, ou à quelques-uns des moments de cette existence, mais à n'importe quel moment dans tous ceux qui peuvent se présenter. Si donc un organisme n'atteint pas sa plus haute perfection à chacun de ces moments, la plus haute perfection à laquelle il atteindra aux autres moments n'en sera pas moins suffisante pour être naturelle.

Je fais remarquer que je n'ai pas voulu dire qu'il fallait qu'un organisme eût divers degrés de perfection. Il recevrait à bon droit la qualification de naturel alors même qu'il serait immobilisé dans un unique état de perfection, pourvu encore une fois qu'elle fût la plus haute à laquelle il pût atteindre à chacun des moments de son existence.

Après avoir dit que le mot « naturel » exprimait un organisme quelconque conforme à la nature, qui se trouve à un moment donné dans l'état le plus parfait auquel il peut atteindre eu égard à ce moment, j'ai ajouté que l'état de ce tout et de chacune des parties qui le composent était un état naturel.

Il résulte de cette dernière phrase que lorsqu'un organisme se trouve dans les conditions que j'ai énumérées, c'est non-seulement lui dont on peut dire qu'il est naturel, mais encore chacune de ses parties. Cette remarque ne manque pas d'importance. Elle prouve que ce qui est naturel ne suppose pas que chacune des choses qui composent l'organisme se trouve, au moment que l'on envisage, dans l'état le plus parfait auquel elle peut atteindre; il suffit que l'organisme, pris dans sa totalité, se trouve dans cet état, alors même que la perfection de l'une des parties serait sacrifiée à la perfection de l'ensemble.

J'ai ainsi terminé l'exposé des éclaircissements qui m'ont paru opportuns pour faire bien comprendre ce qui, d'après moi, peut être nommé naturel. Ces éclaircissements se résument dans les termes suivants : « ce qui est naturel ne peut être qu'une chose réelle, conforme à la nature, aussi parfaite qu'elle peut l'être au moment donné. » Il ne suffit donc pas qu'une chose soit réelle, ni qu'elle soit parfaite. Il ne faut pas non plus qu'elle soit absolument parfaite, ni qu'elle ait atteint le dernier degré de sa perfection possible, ni que chacune de ses parties prise isolément soit parfaite.

J'ai maintenant à faire connaître quelle signification résulte de l'expression totale composée des mots « droit » et de l'adjectif « naturel » réunis.

On sait qu'un droit est un rapport d'organisation, sanctionné par une loi, que l'on peut légitimement garantir par une contrainte obligatoire. Le droit se compose de l'ensemble des rapports de ce genre.

D'un autre côté il résulte de la signification que j'ai attribuée au mot « naturel, » qu'un droit sera naturel lorsqu'un organisme se trouvant à un moment donné dans l'état le plus parfait auquel il peut atteindre, eu égard à ce moment, le droit en question sera cet organisme lui-même ou l'une de ses parties, c'est-à-dire lorsque, soit l'organisme, soit l'une de ses parties, consistera dans un rapport d'organisation sanctionné par une loi et garanti par une contrainte obligatoire. Le droit naturel se composera de l'ensemble des rapports de ce genre.

Je vais essayer de mieux préciser encore, par un exemple, tout ce que je viens d'exposer. Je m'efforcerai de le donner conforme à la réalité. Je ne prétends pas cependant que ce que je dirai sera absolument d'accord avec elle. Cet accord n'est, du reste, pas indispensable : je me propose en effet, non pas de confirmer ce que j'ai dit par un exemple, mais de le faire mieux comprendre par lui ; cet exemple ne doit pas être une preuve, mais un éclaircissement. L'esprit humain est ainsi fait, qu'il saisit mieux les conceptions abstraites quand on en fait une application concrète. A ce titre, j'aurais pu prendre mon exemple même parmi les choses imaginaires : je puis donc, à plus forte raison, le choisir parmi les choses dans lesquelles, contre mon désir, l'imaginaire se mêlerait au réel.

Je suppose donc que l'univers ne forme qu'un seul organisme infini dans l'espace et dans le temps, au sein duquel tout est uni à tout. Si j'en crois ce que m'ont appris mes sens, son existence dans le temps se manifeste sous la forme d'un changement continuel : elle est une suite d'évolutions qui puisent leur raison d'être dans la façon dont sont constituées la matière et les forces dont semble être composé le monde. Cette existence est donc une série de moments, à chacun desquels l'univers entier est dans un état nouveau. A chacun de ces moments, l'univers peut se trouver dans l'état le plus parfait auquel il peut atteindre eu égard au moment que l'on envisage, ou bien il peut se faire qu'il n'arrive pas à cette perfection. Dans le premier cas, sa manière d'être sera « naturelle, » et tous les rapports qui seront alors en lui et où existeront les éléments du droit, seront des droits naturels. Il en sera ainsi pour chaque situation nouvelle de l'univers dans la suite éternelle de ses transformations. Le droit naturel complet se composera de tous les droits qui existeront ainsi à chacune de ces transformations, quels que soient le temps et le lieu.

En ne m'écartant pas de cet exemple, je puis dire que, d'après le sens que j'ai donné à cette expression « le droit naturel, » ce que cette expression désigne, n'est pas le droit tel qu'il existerait dans l'univers le plus parfait que l'on pût concevoir, car pareil univers peut n'être qu'imaginaire, ou, pour m'exprimer autrement, purement idéal, et le droit naturel, on l'a vu, ne peut exister que dans l'univers réel, ce qui conserve à ce droit sa valeur pratique ; car à quoi servirait-il de connaître un droit d'une perfection suprême s'il était impossible d'y jamais atteindre? Je puis également dire, que si le monde réel est soumis à la loi du progrès, ce que je n'ai pas à vérifier, le droit naturel n'est pas le droit tel qu'il se présentera quand ce progrès aura atteint ses dernières limites; car le droit naturel se présente à tous les moments de l'existence du monde, tandis que les dernières limites du progrès supposent et excluent une période antérieure de transition. Je puis dire, enfin, que le droit naturel ne consiste pas non plus dans la perfection d'un être pris isolément, abstraction faite de ses rapports avec d'autres êtres, car cette perfection isolée d'une partie peut très-bien ne pouvoir être atteinte qu'au détriment du tout, comme le prouve ce fait connu du développement libre et complet de certaines classes d'insectes, notamment les chenilles, qui, si elles ne se trouvaient pas entravées dans leur multiplication, couvriraient en peu d'années la surface entière de notre planète à une hauteur considérable. Il importe donc parfois, pour le bien de tous, que certaines individualités soient sacrifiées, comprimées en quelque sorte dans leur développement, pourvu, bien entendu, que l'on sache à qui doit être imposé ce sacrifice; car, dans le doute sur ce point, c'est la liberté de tous qui doit prévaloir; l'expérience a démontré, en effet, que la liberté valait mieux pour le bien commun que la domination équivoque de quelques-uns sur quelques autres.

En résumé, le droit naturel est le droit réel, pratique, le plus parfait auquel le monde peut arriver à chaque instant. Le rechercher consistera non pas à rechercher une chose imaginaire, mais une chose possible ; non pas un idéal au-dessus de la nature, mais la nature elle-même dans sa situation la meilleure. Ce n'est pas seulement comme un beau rêve qu'il doit préoccuper les intelligences humaines. Toutes sont possédées du désir de la perfection ; toutes la cherchent, toutes y voient le but de l'existence ; c'est un instinct qui repose au fond de l'âme de chacun d'entre nous. Aussi peut-on dire que tout homme appelle sans le savoir le progrès dans cette science. Si plusieurs la dédaignent telle qu'elle est aujourd'hui, c'est à cause des erreurs qui l'ont discréditée. Beaucoup en effet de ceux qui l'ont traitée en ont fait une monnaie brillante qui, après avoir eu cours pendant quelque temps, a été reconnue fausse. Il importe de la constituer sur des principes sévères, de lui donner les conditions qui seules conviennent à la science. S'il faut alors reconnaître que l'intelligence humaine est impuissante à la découvrir, au moins ne s'égarera-t-on plus dans des spéculations oiseuses, pleines de périls dans leurs résultats. Mais si un jour un esprit plus heureux que ses devanciers triomphait de la lutte qu'il aurait livrée à l'ignorance native de notre nature, s'il forçait les portes de l'inconnu, et, après avoir pénétré dans ses abîmes, revenait au milieu des hommes portant comme Moïse, descendant du Sinaï, les tables du droit naturel, qu'il ne redoute pas ce dédain ou cet oubli qui aujourd'hui blessent si amèrement l'orgueil des philosophes ; le monde l'accueillera comme un bienfaiteur, car il lui aura révélé cette loi de perfection que tous demandent avec inquiétude comme le pain de vie, et que nul ne connaît.

Il me reste à expliquer encore quelques termes de l'énoncé du problème ; on se souvient, sans doute, qu'en effet, cet énoncé est conçu de la manière suivante : la certitude dans la science du droit naturel est-elle possible et dans quelles limites, pour l'humanité, dans son état actuel? *Qu'est-ce que l'humanité dans son état actuel? Qu'est-ce que la possibilité et ses limites?* Telles sont les deux questions auxquelles j'ai encore à répondre. En lisant ces questions, le lecteur n'aura pas de peine à reconnaître que ce qui était le plus difficile pour moi dans cette première partie est accompli; que c'était sur ces expressions : « la certitude dans la science » et « le droit naturel » que régnait véritablement de l'obscurité et qu'il était nécessaire de m'arrêter, et que je pourrai glisser rapidement sur ce qui me reste à faire.

Il est cependant bon, d'une part, de faire remarquer que je n'ai en vue quand je dis l'humanité, que cette humanité terrestre dont nous faisons partie; et, d'autre part, d'insister sur ce point que je la prends dans son état actuel, avec ses qualités et ses imperfections, avec ses forces et ses faiblesses. Je n'ai donc pas à examiner s'il existe une humanité ailleurs que sur notre planète, je n'ai pas non plus à me demander si cette humanité a été dans le passé ou si elle sera dans l'avenir capable, plus ou moins qu'aujourd'hui, de connaître le droit naturel. Je me renferme dans le présent : j'écarte les regrets que peut causer ce qui n'est plus ou les espérances que peut donner ce qui n'est pas encore. Je ne dis pas que ce sont là des questions qui manquent d'intérêt, mais leur examen serait ici hors de saison. Je dois laisser à d'autres le soin d'examiner si nous ne sommes que les enfants dégénérés d'une race plus forte, maintenant disparue, ou si nous sommes seulement les précurseurs d'une génération plus brillante.

J'arrive ensuite à la possibilité et à ses limites.

Prise dans un sens rigoureux, la possibilité sert à exprimer, non pas qu'une chose est, mais que cette chose peut venir à existence. Ce sens restreint n'est pas celui que j'ai voulu adopter; je n'ai pas, en d'autres termes, voulu borner le problème à la question de savoir si la certitude dans la science du droit naturel était possible, à l'exclusion de la question de savoir si cette certitude existe déjà. Une pareille distinction eût été puérile. Ce n'est pas, en effet, chacune de ces questions prises isolément qui peut revendiquer l'importance qui m'a guidé dans le choix de mon sujet; c'est la question globale qui les comprend toutes deux et qui consiste à demander si la certitude dans la science du droit naturel est possible, en ce sens qu'on y a dès à présent atteint ou que l'on est dès à présent capable d'y atteindre.

J'ai examiné séparément ce que signifie chacune de ces quatre expressions qui forment les éléments de l'énoncé, à savoir : « la certitude dans la science, » « le droit naturel, » « l'humanité dans son état actuel, » « la possibilité et ses limites. » Mais, comme je l'ai dit au début de cette première partie, ces expressions ne sont pas ainsi séparées dans l'énoncé; elles y sont unies par des liens grammaticaux; chacun de ces liens correspond à une idée qui donne à l'énoncé une physionomie nouvelle. Ces liens paraissent avoir une signification assez claire pour que l'on puisse croire qu'il est inutile de faire ressortir le sens qui en résulte. Ceux qui me lisent sont, en effet, je n'en doute pas, assez au courant de la valeur des termes par lesquels sont unies dans l'expression générale de l'énoncé les expressions partielles dans lesquelles je l'ai décomposé, pour qu'il semble superflu d'insister sur leur signification. Pourtant je crois bon de ne pas me taire encore, et j'espère que par le jour nouveau que je jetterai sur la matière, on me pardonnera une insistance à première vue surabondante.

Laissant d'abord de côté la possibilité et ses limites, je m'attacherai uniquement à la proposition qui résulte de l'union des trois autres expressions partielles. On sait que cette proposition est la suivante : « la certitude dans la science du droit naturel pour l'humanité dans son état actuel. »

Cette proposition exprime un état de choses : or, en y regardant de près, on remarque que cet état de choses se décompose en trois éléments très-distincts : 1° le droit naturel; 2° une humanité capable de le connaître avec la certitude scientifique; 3° un rapport entre ce droit et cette humanité par lequel celle-ci connaîtra celui-là avec certitude. Ces trois élément sont compris, je le répète, dans la proposition générale que j'ai reproduite tantôt ; il n'est pas difficile, en effet, de les y découvrir ; mais, de plus, il ne s'y trouve aucun autre élément ; c'est ce dont on peut également s'assurer sans peine.

Le lecteur aura peut-être fait un rapprochement entre cette division tripartite et celle que j'ai faite précédemment des éléments dans lesquels on peut décomposer toute connaissance. Il y a un objet, c'est le droit naturel ; il y a un sujet, c'est l'humanité ; il y a enfin un rapport. Cette ressemblance devait se présenter, car la science est un ensemble de connaissances et c'est d'une science qu'il s'agit ici.

Mais si cette première partie de l'énoncé renferme ces trois éléments et si elle ne renferme que cela, il n'est pas douteux que ces trois éléments équivalent à elle-même et que l'on peut à volonté la remplacer par eux. C'est là une observation dont je vais tirer profit, en rattachant à l'énoncé son dernier terme, c'est-à-dire la possibilité et ses limites.

Les mots : « est-elle possible, et dans quelles limites, » donnent à l'énoncé le caractère d'une question. Cette question se présente comme unique quand on conserve l'énoncé dans la forme que je lui ai donnée d'abord ; mais elle se démembre en trois questions secondaires quand on lui donne la forme nouvelle que je viens de mettre en relief. En effet, il consiste alors à demander : 1° s'il existe un droit naturel ? Ne faut-il pas que ce droit existe pour que l'esprit humain puisse arriver à le concevoir ? Il n'y a pas de connaissance sans un objet à connaître ; ici l'objet, c'est le droit naturel. Aussi nommerai-je ce premier point du problème la possibilité objective. — Il consiste à demander ensuite, 2° s'il existe actuellement une humanité capable de connaître ce droit avec la certitude scientifique et dans quelles limites elle en est capable ? En effet, pas de connaissance sans sujet, pas de science pour l'humanité si l'humanité n'existe pas ou si elle est incapable d'acquérir des connaissances scientifiques. Ce second point peut être nommé la possibilité subjective. — Cet énoncé consiste à demander enfin, 3° si la conception de ce droit, par cette humanité, sous cette forme, est possible et dans quelles limites. Car de même qu'il n'y a pas de connaissance possible sans un rapport entre le sujet et l'objet, ainsi la certitude dans la science du droit naturel serait impossible pour l'humanité, alors même que ce droit et cette humanité existeraient, si des obstacles extérieurs empêchaient l'intelligence humaine de se mettre en rapport avec le droit naturel.

De prime abord on pourra se sentir porté à croire que le troisième membre de cette division est déjà compris dans le second; qu'en d'autres termes, du moment que l'humanité est capable de concevoir le droit naturel, il est par cela même possible qu'il existe un rapport de conception entre elle et ce droit. Mais ce serait là une erreur : ces deux membres se distinguent par le fond, comme ils se distinguent par les mots. En effet, de ce que l'humanité a en elle des facultés capables de concevoir le droit naturel, il n'en résulte pas qu'elle puisse être mise en rapport avec ce droit, de façon à pouvoir le connaître. Des obstacles extérieurs à ces facultés peuvent empêcher ce rapport. L'aveugle est en vain doué d'une intelligence capable de percevoir les couleurs; sa cécité est une barrière qui empêche cette intelligence d'être mise en rapport avec ces couleurs, et par cela seul l'aveugle ne les connaît pas. On pourrait dire la même chose du sourd eu égard aux sons. Sans ce rapport dont je parle, l'humanité n'en serait pas moins capable de connaître; mais ses facultés, quelque puissantes qu'elles fussent, resteraient inactives.

Ces dernières observations ont eu, je pense, cet avantage de révéler au lecteur tout ce que contient le problème et de faire ressortir un point de vue qu'il n'aurait peut-être pas saisi si j'avais laissé l'énoncé dans la forme primitive, où les éléments qui le composent étaient confondus. Grâce à la précision que j'ai ainsi obtenue, on comprendra mieux les obligations qui me seront imposées dans la démonstration, et en même temps que l'on en pénétera plus profondément le mécanisme, on sera plus apte à juger si j'y ai réussi.

Je crois pouvoir terminer ici cette première partie. Mais avant de la quitter, qu'il me soit permis de jeter un regard sur le chemin que je viens de parcourir, et de rappeler le but que je voulais atteindre et les moyens que j'ai employés pour y arriver.

Il s'agissait de mettre le lecteur au courant de la signification que j'avais donnée à l'énoncé, devoir d'autant plus nécessaire que j'avais été libre de formuler moi-même, à ma guise, le problème à résoudre. Pour y réussir, j'ai pris une à une les quatre expressions dans lesquelles cet énoncé se décompose, et j'ai donné sur chacune d'elles séparément toutes les explications qui m'ont paru opportunes. Je n'ai eu d'autre méthode que de recourir à ce qui m'a paru propre à faire disparaître l'obscurité ; j'ai indifféremment adopté tous les procédés qui m'ont semblé de nature à me servir. J'ai, enfin, d'après les mêmes principes, examiné quel sens nouveau se présentait quand on assemblait dans un tout commun les divers membres que j'avais séparés.

J'ai été forcé de me soumettre à une forme dont souvent, sans doute, la sécheresse aura déplu au lecteur. Je l'ai pressenti, mais c'était un inconvénient qu'il m'eût été difficile, sinon impossible, d'éviter pour une matière purement technique, dans l'exposé de laquelle il me convenait de tout sacrifier à la clarté. Si j'ai atteint celle-ci, elle me paraît avoir assez de valeur pour que l'on me pardonne toutes autres imperfections.

Mais j'espère que grâce à mes efforts, et la réflexion du lecteur aidant, l'énoncé du problème se trouve maintenant dans une pleine lumière, ce qui est la première condition à obtenir quand on veut chercher une solution. Voyant aussi nettement le but, je ne cours plus le risque de m'égarer dans la démonstration que je vais entreprendre. Peut-être serai-je arrêté en route par de sérieux obstacles ; mais au moins je suis assuré de ne pas dévier du droit chemin, puisque j'aurai toujours devant les yeux, pour me servir de fanal, la claire conception du point d'arrivée.

DEUXIÈME PARTIE.

EXPOSÉ DE LA DÉMONSTRATION DU PROBLÈME.

NOTION. — DIVISION.

J'avais pour but, dans la première partie, de faire comprendre le sens de la question formulée dans l'énoncé ; mon but, dans cette seconde partie, sera de faire comprendre et de justifier la réponse qui, d'après moi, correspond à cette question : c'est ce que je nomme la démonstration du problème.

La solution à laquelle cette démonstration a pour objet d'arriver, devra exprimer une des vérités innombrables qui composent la vérité entière. La découverte d'une vérité quelconque est un problème particulier donnant lieu à une démonstration qui lui est propre. Mais si chacune de ces démonstrations a des caractères qui la distinguent de toutes les autres, ce serait une erreur de croire qu'elle est complétement indépendante de celles-ci ; car au contraire il semble qu'il n'est presque pas de démonstration qui ne trouve dans les vérités établies par d'autres démonstrations, des secours qui lui sont tantôt utiles, tantôt indispensables. C'est ainsi, pour n'en citer qu'un seul exemple, que dans l'algèbre on recourt aux vérités recueillies dans l'arithmétique.

Cette remarque amène cette autre remarque, que si l'on se propose de résoudre un de ces problèmes dont la démonstration ne peut convenablement être faite sans l'emploi de vérités dont la justification trouve sa véritable place ailleurs, il n'est pas nécessaire de recommencer la démonstration de celles-ci, et qu'il faut, en pareil cas, accepter ces dernières avec le caractère de vérités démontrées. Agirait-il comme un homme raisonnable le mathématicien qui, ayant à résoudre un problème d'algèbre et n'y pouvant réussir sans les données de l'arithmétique, reprendrait l'exposition de cette arithmétique à partir de la numération? Un pareil système aboutirait à recommencer la science entière à chaque question nouvelle.

Ces explications permettent de préciser quelques-unes des conditions requises pour la bonne démonstration d'un problème quelconque, et par conséquent de celui dont je m'occupe ici. En effet, comme, d'un côté, il est certain, sans qu'il soit nécessaire de le prouver, qu'une démonstration ne serait pas bonne si elle n'était inébranlable dans toutes ses parties; comme, d'un autre côté, ainsi que je viens de le rappeler, une solution ne serait pas convenable si elle allait au delà de la démonstration des vérités qui lui appartiennent en propre, il faut, pour que le travail que je vais entreprendre soit irréprochable sous les deux rapports, que j'admette comme démontrées les vérités dont la démonstration trouve mieux sa place ailleurs, mais que je n'admette comme telles ces vérités que si leur démonstration a été exactement faite.

Telle est la première obligation que j'aurai à remplir : elle consiste dans la détermination des principes que je dois accepter comme vérités démontrées. Mais à cela ne se bornera pas ma tâche : en effet, il me restera à en exécuter la partie la plus importante, la démonstration des vérités propres à la question proposée, partie à laquelle celle qui précède n'aura, pour ainsi dire, servi que de point de départ et de préparation.

Ce que je viens de développer justifie la division de ce qui suit en deux livres, savoir :

Livre Ier, détermination des principes acceptés comme vérités démontrées.

Livre II, exposé des vérités propres au problème proposé, ou démonstration proprement dite.

LIVRE PREMIER.

DÉTERMINATION DES PRINCIPES ACCEPTÉS COMME VÉRITÉS DÉMONTRÉES.

Les vérités dont la démonstration est étrangère à celle du problème proposé, mais dont je devrai faire usage, se divisent en deux catégories. Les unes peuvent être telles, qu'il est impossible que je fasse un pas dans la démonstration du problème sans recourir à elles. Les autres peuvent être telles, que la nécessité de les employer ne se présentera que dans le cours de cette démonstration et à des phases plus ou moins avancées de son développement. De cela il résulte que je devrai déterminer les premières avant de commencer la démonstration ; c'est ce que je vais faire dans ce premier livre. Quant aux secondes, s'il s'en présente je les réserverai pour ne les produire qu'au fur et à mesure qu'il deviendra opportun de le faire, ce qui en fera mieux ressortir l'utilité.

L'énoncé du problème est une question à laquelle tout être doué d'esprit peut essayer de trouver une réponse. Mais je suppose, dans cette étude, que cette question est adressée soit à moi-même, soit à tout autre homme, et que c'est uniquement avec les moyens dont dispose tout membre de l'humanité qu'il faudra rechercher quelle réponse il convient d'y faire.

Or la démonstration qui amènera cette réponse en la justifiant, ne sera qu'un raisonnement plus ou moins long, c'est-à-dire une série d'opérations intellectuelles, par chacune desquelles celui qui s'occupera de résoudre le problème arrivera à une connaissance, qui lui servira à en acquérir une autre, laquelle servira à son tour de point d'appui pour en acquérir une troisième, et ainsi de suite jusqu'à la connaissance dernière, résultat de la démonstration entière, et qui sera la solution cherchée.

D'un côté, toutes ces connaissances devront être exactes : que vaudrait en effet une démonstration dans laquelle on rencontrerait des erreurs?

D'un autre côté, si le problème devait être résolu par un tiers étranger à l'humanité, ce tiers pourrait, sans sortir de son sujet, qui consisterait à rechercher si la certitude dans la science du droit naturel est possible pour l'humanité dans son état actuel, examiner non-seulement s'il est certain que cette certitude est possible, mais encore jusqu'à quel point il est, par exemple, vraisemblable qu'elle l'est. En effet, la solution du problème en question, comme celle de n'importe quel autre, comporte très-bien, à défaut de meilleures et pourvu qu'on en indique le vrai caractère, des notions simplement vraisemblables; moi-même qui pouvais fixer les conditions de la solution d'un problème que je posais en toute liberté, je n'ai rien dit qui doive faire exclure des notions de ce genre; et pour peu que l'on se souvienne de certains principes que j'ai signalés dans la première partie, on devra reconnaître que si ces notions présentaient une vraisemblance légitime, la démonstration qui les contiendrait ne cesserait pas d'être scientifique. Mais cette latitude perd de son étendue quand on remarque, comme je l'ai déjà fait tantôt, que ce n'est point par un tiers étranger à l'humanité, mais par un homme que le problème doit être résolu. Dès lors la démonstration ne peut plus contenir des notions qui ne seraient pas certaines, fussent elles légitimement vraisemblables. En effet, la certitude pour l'humanité dans la science du droit naturel, suppose nécessairement qu'il est certain pour cette humanité, et non pas seulement vraisemblable, que ce droit naturel existe, que l'homme est capable de le concevoir, que le rapport de conception entre l'homme et ce droit est possible, qu'en d'autres termes, il y a solution affirmative certaine des trois questions partielles dans lesquelles, comme on l'a vu, peut être décomposé l'énoncé. Car s'il n'y avait qu'une solution affirmative vraisemblable de chacune d'elles, c'est-à-dire si l'homme trouvait seulement vraisemblable que le droit naturel existe, ou que l'humanité est capable de le concevoir, ou que le rapport de conception entre elle et ce droit est possible avec la certitude scientifique, n'est il pas évident qu'il faudrait avouer que la vraisemblance seule, et non plus la certitude, est possible pour l'homme dans la science du droit naturel? Il résulte de là cette conséquence que je signalais plus haut et qui est importante pour la fixation des limites de la démonstration que je me propose de faire, que je ne pourrai jamais y admettre des notions ou connaissances qui ne seraient pas certaines; que dès que je serai sur le point d'aborder le terrain des notions qui ne seraient que vraisemblables, je devrai m'arrêter sous peine de sortir de mon sujet, qui consiste exclusivement, je ne saurais assez le dire, à rechercher si la certitude dans la science du droit naturel est possible pour l'humanité, et non pas si la vraisemblance y est possible pour elle, quelque grande, quelque légitime que soit du reste cette vraisemblance.

Mais du moment qu'il faut admettre ces deux points, à savoir : d'un côté, que la démonstration tout entière devra être une série de connaissances; d'un autre côté, que toutes ces connaissances devront être exactes et certaines, il devient clair que je ne pourrai avancer si peu que ce soit dans cette démonstration si je ne procède pas comme il faut le faire pour acquérir de pareilles connaissances, si par conséquent j'ignore ce qui est nécessaire pour les obtenir. Et comme on doit dire la même chose de n'importe quelle autre démonstration, il s'ensuit que les vérités relatives au point de savoir comment l'homme peut acquérir des connaissances exactes et certaines, appartiennent à la catégorie de celles que je dois accepter comme démontrées, et que j'ai à déterminer dans ce premier livre.

C'est pourquoi je vais les indiquer.

Je rappellerai d'abord que toute connaissance exige trois conditions : le sujet, c'est-à-dire l'intelligence qui connaît; l'objet, c'est-à-dire la chose qui est connue; enfin le rapport entre le sujet et l'objet, par lequel le premier conçoit le second.

Ceci remis en mémoire, je vais énumérer successivement les vérités que j'accepte comme démontrées sur les trois points suivants dans lesquels se démembre cette question générale : Comment l'homme acquiert-il des connaissances exactes certaines?

Comment l'homme acquiert-il des connaissances?

Comment acquiert-il des connaissances exactes?

Comment acquiert-il des connaissances certaines?

Toutes les connaissances que l'homme peut acquérir se divisent en deux grandes catégories : elles sont, en effet, ou imaginaires ou réelles. On peut, à propos des unes ou des autres, se demander comment l'homme les acquiert; mais il est inutile que je m'occupe ici des premières, car en considérant quelle est la question que j'ai à résoudre, on se convainc sans peine qu'elle ne comporte que des connaissances réelles. En effet, le droit naturel, aussi bien que la science, n'en admet pas d'autres, et j'ai ainsi un double motif pour ne me préoccuper que d'elles. Tout se réduit donc pour moi à préciser comment l'homme peut se procurer des connaissances de cette dernière espèce.

Entre l'intelligence ou faculté de connaître et le monde des réalités, il existe des intermédiaires qui mettent l'une en rapport avec l'autre : l'intelligence ne s'applique pas directement à la réalité; elle en est séparée par des obstacles insurmontables; il faut que des facultés qui lui sont étrangères aillent y puiser pour elle et viennent lui apporter ce qu'elles ont recueilli, comme le mineur apporte à la surface ce qui se cache dans le sein de la terre. Sans ces intermédiaires, elle ne saurait rien du monde réel, si ce n'est peut-être le fait de sa propre existence.

Ces intermédiaires ne sont cependant pas étrangers à l'homme lui-même; c'est dans son individu qu'on les trouve tous sans exception. Ils sont seulement étrangers à l'intelligence. Ils forment avec elle des rameaux de notre personnalité, séparés il est vrai, mais tous attachés au même tronc. Ces intermédiaires sont corporels ou spirituels. Les premiers sont connus sous le nom de sens, et je crois superflu de répéter ici les différents termes de leur dénombrement classique. Les seconds ne portent pas de nom générique; cachés dans les replis de l'esprit humain, par cela même plus difficiles à saisir, on ne s'est pas toujours montré d'accord, comme pour les sens, sur leur nombre et sur leurs fonctions. Je dirai que, pour moi, ils consistent dans la raison, la faculté de raisonner ou le raisonnement, et dans ce que je nommerai les instincts, à défaut d'une expression plus juste, ensemble de facultés qui, sous le nom de conscience, goût, bon sens, fantaisie, alimentent l'esprit de connaissances variées.

Tels sont les seuls intermédiaires qui fournissent des connaissances réelles à l'humanité. Il n'en est pas une parmi toutes celles qu'elle possède qui ne dérive primitivement de l'un d'eux. Je dis primitivement, car l'homme peut parfois au moyen de deux autres intermédiaires, la mémoire et le langage, acquérir des connaissances nouvelles que ne lui donnent ni ses sens ni son esprit. Mais quand on remonte à la source de celles-ci, on s'assure sans peine qu'elles sont le produit des intermédiaires spirituels et corporels que je citais tantôt; que la mémoire ne peut nous rappeler de connaissances, que le langage ne peut nous en transmettre, qui n'aient déjà antérieurement été engendrées, grâce à leur secours, soit par nous-mêmes, soit par nos semblables.

Je le répète donc, les sens et les intermédiaires spirituels pour découvrir les connaissances réelles, la mémoire et le langage, (celui-ci pris, du reste, dans une acception large qui comprend tous les modes de communication de l'homme avec l'homme), pour les reproduire ou les transmettre, voilà le bilan des moyens qui sont à notre disposition pour peupler de connaissances notre faculté de connaître. Tous se trouvent dans l'homme même, mais ils y ont une existence distincte. L'homme n'a pas d'aide à espérer en dehors d'eux pour augmenter le nombre de ses connaissances. C'est à ses seuls efforts qu'il les devra, ou aux efforts de ses frères les autres hommes.

Qu'il n'invoque donc, pour découvrir l'inconnu, ni les puissances de la terre, ni les puissances du ciel. Qu'il ne croie pas qu'en dehors des connaissances qui procèdent des sens et des intermédiaires spirituels, ou de la mémoire et du langage des hommes, il en est encore qui peuvent lui être transmises par d'autres moyens. Ce ne sont ni les arbres, ni le vent qui lui révèleront ce qu'il ignore. Il n'est pas non plus de divinité qui daigne communiquer avec lui. Mais, si nous ne sommes plus au temps où l'homme croyait entendre sortir de la nature des voix mystérieuses qui lui révélaient les secrets de l'inconnu, il est encore des millions de croyants qui pensent que la Divinité est, pour nous, la source la plus abondante du vrai ; qu'elle nous a instruits dans des livres sacrés et que tous les jours elle peut illuminer notre intelligence par des moyens surnaturels. Il faut cependant rejeter aussi parmi les superstitions cette théorie que rien de fondé ne justifie. Je n'admets donc pas la révélation comme mode d'acquérir des connaissances ; je l'écarte sans démonstration ; non pas que je veuille dire qu'une démonstration est superflue : une croyance si bien établie et si antique, tant d'esprits respectables qui l'acceptent, me persuadent, au contraire, que c'est encore là surtout que doivent se livrer les combats les plus ardents de la philosophie. Mais cette démonstration ne serait pas ici en son lieu, puisque je veux me borner à énumérer, sans discussion, des principes que j'accepte comme démontrés.

Que l'homme ne s'effraye pas de l'isolement où je le place ; habitué à se croire de puissants secours, il regrettera peut-être de s'entendre dire : Tu ne peux compter que sur toi. Mais sa peur serait celle d'un enfant qui sait déjà marcher et auquel on enlève ses lisières, de celui qui sait nager et auquel on enlève un appui désormais inutile. Qu'il s'examine, qu'il essaye ses forces : il reconnaîtra qu'une nature prévoyante l'a, il est vrai, isolé, mais en lui donnant ce qu'il faut pour remplir sa destination dans cet isolement. Lors des révolutions qui ont amené la formation de notre globe, elle n'a pas permis qu'il vînt à la lumière avant que le monde fût préparé à le recevoir, avant qu'un air respirable eût remplacé les gaz mortels qui chargeaient l'atmosphère, avant que la race redoutable des animaux gigantesques eût été anéantie. Si, pour la science, elle l'a privé de secours, c'est qu'il pouvait se suffire à lui-même. Qu'il se relève donc fier de ne plus croire aux tutelles que les superstitions lui avaient imposées ; qu'il compte ses ressources, qu'il en mesure la puissance, qu'il les mette en œuvre et les fortifie par l'exercice. C'est la nécessité qui rend industrieux, c'est elle qui donne la virilité et le courage, tandis que l'habitude de compter sur autrui dégrade et abâtardit. Si, après avoir examiné ce qu'il est, il se reconnaît débile et infirme, s'il ne trouve rien en lui qui puisse remplacer ces auxiliaires surnaturels auxquels il avait coutume de recourir dans toutes ses défaillances, et qui ont accepté bénévolement, comme des dieux de bois, le poids de tout ce qui était trop lourd pour l'humanité, il aura au moins cette satisfaction, qui n'est pas petite pour une âme élevée, de pouvoir se dire qu'il connaît la vérité, et qu'il a eu le courage de rejeter des erreurs séduisantes, qui lui cachaient sa faiblesse, en endormant son intelligence.

J'ai déterminé comment l'homme peut acquérir des connaissances réelles. Je passe maintenant à l'examen d'un autre point : Comment peut-il acquérir des connaissances exactes? Cette question n'est pas implicitement comprise dans la première, puisqu'on ne pourrait dire avec raison que toute connaissance réelle est exacte.

L'homme acquiert des connaissances exactes par la mise en œuvre des mêmes facultés que celles au moyen desquelles il en acquiert de réelles. Je ne veux pas dire cependant qu'elles ne lui en donnent jamais d'autres; bien au contraire, l'expérience de tous les jours est là pour démontrer qu'elles lui en donnent souvent d'erronées. Je constate simplement que, quoique susceptibles de faillir dans leur mission, ces facultés sont néanmoins capables aussi de la remplir fidèlement.

Mais par cela même qu'elles peuvent introduire dans l'esprit des connaissances vraies ou fausses, il importe de déterminer comment on pourra discerner les unes des autres et séparer, pour ainsi parler, l'ivraie du bon grain, le mensonge de la vérité. Ceci m'amène à la troisième question que je me suis proposé d'examiner, celle de savoir comment l'homme acquiert des connaissances réelles et exactes qui sont certaines. La confusion entre la vérité et l'erreur, que je signalais plus haut comme possible, disparaîtra quand l'homme saura avec certitude si une connaissance est réelle et exacte.

L'homme ne peut acquérir de certitude au sujet d'une connaissance quelconque qu'au moyen de la raison et du raisonnement. La raison lui donne une certitude immédiate, le raisonnement lui donne une certitude médiate.

Ceci nécessite une explication.

La raison est cette faculté spirituelle qui nous révèle les principes connus en philosophie sous le nom d'idées innées ou de vérités premières, principes indiscutables et indémontrables qui s'imposent à l'esprit et qu'accepte toute intelligence : tels sont, par exemple, ces axiomes de mathématiques : le tout est plus grand que la partie, la ligne droite est la plus courte distance d'un point à un autre. La certitude de ces principes est la plus incontestable des certitudes; elle est immédiate, car loin d'avoir besoin d'une démonstration quelconque, toute tentative pour les démontrer échouerait ou rendrait leur évidence moins grande; elle ne serait qu'un circuit inutile qui ramènerait à son point de départ l'esprit, fatigué peut-être, mais non pas plus instruit.

Le raisonnement, au contraire, ne nous donne que par une sorte de détour cette certitude qui engendre la conviction. Quand il commence, la vérité qu'il veut prouver est encore douteuse et enveloppée d'ombre ; ce n'est qu'après une opération intellectuelle plus ou moins longue que la certitude apparaît enfin, que l'obscurité s'évanouit et que le jour se lève. Cette certitude n'est donc, comme je l'ai dit, que médiate.

On se tromperait en croyant que les sens, la mémoire, le langage, ou même le raisonnement peuvent nous donner parfois une certitude immédiate. On est enclin à le penser dans certaines occasions. Ainsi, par exemple, quand je vois une maison, quand j'entends une cloche, quand je serre la main d'un ami, est-ce que je doute un seul instant de l'existence de la maison, de la cloche, de l'ami? Me faut-il un raisonnement pour en avoir la plus complète certitude? De même, est-ce que c'est pour moi un fait qui reste un seul instant douteux que celui auquel je me souviens d'avoir assisté la veille? Si un homme, d'une incontestable véracité, m'affirme avoir fait quelque chose, est-ce que j'hésite à le croire? Enfin n'y a-t-il pas mille vérités que la raison n'enseigne pas, et auxquelles on ajoute foi de prime saut?

Tous ces exemples ne font, en réalité, que confirmer ce que j'ai dit; car, au fond de toutes ces prétendues certitudes immédiates, il y a un raisonnement qui leur enlève ce caractère. C'est par un raisonnement que je conclus de la sensation de mon nerf optique à l'existence d'une maison; c'est par un raisonnement que je crois à mes souvenirs ou à la parole d'un honnête homme; c'est un raisonnement qui m'a appris ces vérités, que la raison ne m'apprend pas. Seulement, par l'habitude, ces divers raisonnements sont devenus si rapides qu'ils sont, pour ainsi dire, instantanés, et qu'il semble que nous puissions nous en passer. Mais, quelque prompts qu'ils soient, ils existent cependant. Parce que la lumière franchit d'énormes distances dans la millième partie d'une seconde, la distance franchie en existe-t-elle moins? Il serait évident pour nous que nous raisonnons dans chacun des cas que j'ai indiqués, si nous pouvions nous souvenir de ce qui s'est passé quand, encore enfants, nous avons voulu, pour la première fois, nous convaincre de la certitude de ces soi-disant connaissances immédiatement certaines, et nous serions étonnés de voir que, pour les obtenir, il nous en a coûté autant d'efforts et de fatigues qu'à un savant pour résoudre les plus difficiles problèmes.

Mais s'il est vrai que les sens, la mémoire et le langage ne sont jamais capables de donner par eux-mêmes des connaissances certaines; s'il est vrai que c'est seulement par un raisonnement que leurs données revêtent le caractère de la certitude, raisonnement au moyen duquel on commence par examiner s'ils sont capables de nous transmettre des connaissances exactes, puis s'ils se trouvent dans un état normal, enfin s'ils remplissent fidèlement leur mission dans un cas donné; cependant j'admets que ce raisonnement peut, sur ces trois points, donner une solution affirmative certaine. De telle sorte que j'accepte comme vérités démontrées, que ces connaissances innombrables et partout admises, que l'humanité a acquises par les sens et qui se sont accumulées d'âge en âge au moyen du langage et de la mémoire, ont le caractère de la certitude quand, bien entendu, ces intermédiaires ont subi l'épreuve d'une critique intelligente. Je ne suis pas de ceux qui prétendent, sauf à se démentir par leurs actes, que tout ce que nous voyons, tout ce que nous touchons est chimérique, et que rien ne peut nous assurer que ce que dit l'histoire est vrai; qui contestent l'existence d'Alexandre et de César, comme celle de la ville où ils vivent et de la maison qui les abrite.

Si maintenant, pour simplifier la matière, agissant comme nous agissons sans cesse et à bon droit dans la vie ordinaire, j'oublie un instant que le raisonnement justifie seul la certitude que nous attribuons aux données les plus évidentes en apparence des sens, de la mémoire et du langage; si je ne veux considérer que le résultat de ce raisonnement, qui consiste précisément à nous persuader une fois pour toutes que ces intermédiaires sont capables de nous donner des connaissances évidemment certaines de telle façon même qu'à première vue, nous nous sentons entraînés à croire que le raisonnement n'y tient aucune place et que la certitude qu'ils donnent est directe et immédiate, je pourrai dire que les sens, la mémoire et le langage sont des instruments qui nous procurent seuls, dans certains cas, des connaissances revêtues du caractère de la certitude.

Mais en dehors des données de ce genre que nous leur devons, il n'y a pour nous de certitude possible que par la raison et le raisonnement.

Pourtant, s'il est vrai de dire que toutes les données de la raison sont certaines, qu'aucun de ces principes qu'elle nous révèle ne se présente à nous comme plus ou moins douteux, il en est autrement en ce qui concerne le raisonnement. Ici le résultat peut se produire sous diverses formes. Tantôt il est certain, tantôt vraisemblable, tantôt simplement possible. L'homme n'est pas doué de ce privilége, qui l'élèverait si haut, de pouvoir tout résoudre avec certitude; parfois il mène un raisonnement jusqu'au bout; parfois il est arrêté en route, et s'il continue, il voit la certitude qu'il espérait, diminuer et quelquefois entièrement se perdre. La nature lui a octroyé des instruments pour découvrir la vérité, mais leur portée n'est pas infinie. Comme un projectile lancé par une arme à feu, l'intelligence est puissante au moment où elle part; elle vole, elle pénètre, elle traverse; mais il arrive un instant où sa force est épuisée; le moindre obstacle l'arrête, elle s'affaiblit, elle cède, elle tombe. Il convient donc, puisque j'ai pour dessein de déterminer quand une connaissance est certaine, que je distingue le cas où le raisonnement peut donner la certitude de celui où il ne l'atteint pas.

Tous les procédés que le raisonnement emploie pour arriver à la découverte d'une vérité nouvelle, se réduisent en définitive à deux : la déduction et l'induction, le procédé d'Aristote et celui de Bacon. La déduction ou le syllogisme passe du général au particulier, du contenant au contenu, du genre à l'espèce. Si, par exemple, elle sait qu'un genre est composé d'espèces mortelles, si elle sait aussi qu'une de ces espèces est l'humanité, elle en conclut que l'attribut mortel qui appartient au genre, c'est-à-dire au général, c'est-à-dire au tout, appartient aussi à l'humanité, c'est-à-dire à l'espèce, au particulier, à la partie. L'induction, au contraire, passe du particulier au général; c'est l'inverse du syllogisme; elle sait, par exemple, que l'humanité est une des espèces d'un genre; elle sait aussi que cette humanité est mortelle; elle en conclut que le genre lui-même est mortel.

Le seul énoncé des exemples qui précèdent, suffit, je pense, pour faire comprendre au lecteur que si le syllogisme peut donner la certitude, ce serait en vain qu'on la demanderait à l'induction. Certes, depuis Bacon et ses successeurs, ce procédé a acquis une importance, une perfection et une dignité qui en font un puissant moyen d'investigation; certes plus d'une vérité qu'il avait affirmée a, plus tard, été confirmée par l'expérience;

c'est à lui que l'on doit cent découvertes qui font la gloire de la science et dont nous ressentons journellement les bienfaits ; grâce aux règles ingénieuses et savantes auxquelles on l'a soumis, ce serait une folie que de vouloir le repousser. Mais il n'en est pas moins vrai que tout ce qu'il peut donner, c'est une vraisemblance plus ou moins grande, que l'esprit admet sans peine en vertu de cet instinct de généralisation qui est un de ses caractères distinctifs. Même ces vérités qui sont dues à l'induction et dont nul aujourd'hui ne doute, n'étaient que des vraisemblances aussi longtemps que l'événement n'était pas venu ajouter à l'induction la force qui lui manquait. En résumé, elle a pour attribut dominant un esprit d'aventure raisonné, tandis que la déduction marche à coup sûr, sans rien laisser à l'imprévu. Puisque il s'agit donc pour moi, non pas de réunir tout ce qui peut être utile, de près ou de loin, à la découverte de la vérité, mais de séparer rigoureusement la certitude de la vraisemblance même la plus légitime, et d'empêcher qu'on ne confonde l'une avec l'autre, quelque rapprochées qu'elles soient, je dois, dans les bornes de cette étude, écarter l'induction.

Que le lecteur qui me voit agir ainsi n'oublie pas, de peur de mal juger ma conduite, que l'un des mérites de mon travail doit précisément consister à distinguer la vraisemblance de la certitude, là surtout où elles semblent près de se confondre l'une avec l'autre. Qu'il s'efforce aussi de bien saisir les différences qui séparent l'un de l'autre les procédés déductif et inductif ; cette recommandation est d'autant plus opportune que dans la vie ordinaire on les confond sans cesse et que la majeure partie des choses que les hommes tiennent pour certaines ne devraient cependant être tenues que pour douteuses, parce qu'elles reposent sur une induction.

J'ai épuisé l'énumération des vérités que j'acceptais comme démontrées et sans lesquelles je ne pouvais entamer la démonstration qui va suivre. Avant de passer outre à cette démonstration, je vais rapidement résumer le chemin que j'ai parcouru.

Ce n'est qu'en lui-même, ai-je dit, que l'homme trouve les moyens d'acquérir des connaissances. Ces moyens sont corporels ou spirituels. Les connaissances que procurent les sens, la mémoire et le langage sont d'une exactitude certaine quand ces intermédiaires sont dans leur état normal et remplissent fidèlement le rôle qui leur est assigné. Mais, en dehors de là, l'homme ne peut discerner avec certitude, parmi toutes les connaissances que les intermédiaires dont il est doué lui procurent, celles qui sont réelles et exactes de celles qui ne le sont pas, que par la raison et le raisonnement, en tant que celui-ci procède par déduction.

On voit, sans peine, que ma doctrine consiste à admettre que c'est l'esprit humain qui est la seule source de nos connaissances, et la raison humaine qui est pour nous la seule source de la certitude.

Je ne sors donc pas des chemins battus par presque toute la philosophie moderne. Je ne tombe ni dans les exagérations de l'idéalisme sceptique, ni dans les faiblesses de la philosophie religieuse. Je ne doute pas de ce que m'apprennent mes sens, mais je n'admets pas l'intervention de puissances surnaturelles pour m'apprendre la vérité. Je me tiens dans ce juste milieu où l'on ne heurte pas le bon sens et dans lequel, nonobstant des efforts tentés en sens contraire, viennent se ranger chaque jour des esprits plus nombreux. J'attire l'attention du lecteur sur ce point, parce que, considérant le résultat auquel j'arriverai, il pourra croire que je n'ai pu y parvenir qu'en recourant au paradoxe et aux idées extravagantes, tandis que je fais, au contraire, aux idées communes, comme on vient de le voir, les plus larges concessions. En d'autres termes, c'est en pensant comme tout le monde que j'arrive à un résultat qui contrarie les idées de tout le monde.

En fixant ainsi, au début, les vérités dont je compte faire usage, j'ai mis le fond de ma démonstration à l'abri des discussions qui ne la concernent pas. Le lecteur comprendra mieux désormais où il doit rester neutre, et où il doit m'attaquer s'il est en désaccord avec moi. Il saura que toute agression sur les points que je viens de déterminer serait hors des conditions de la lutte, et sortirait des limites de cet opuscule, puisque, dans ces limites, je me refuse à les discuter. Cette discussion ne peut trouver son véritable champ de bataille qu'ailleurs. La brièveté même de l'exposé que je viens de terminer prouve que je ne veux pas m'occuper ici de ces questions avec tous les détails qu'elles comportent. En un mot, les principes que j'ai admis doivent être l'objet d'une sorte de pacte entre le lecteur et moi ; ils sont acceptés et mis hors de cause pour servir de point de départ à ce qui va suivre.

Et maintenant que la lice est fixée et que les armes sont choisies, commençons le combat.

LIVRE SECOND.

DÉMONSTRATION PROPREMENT DITE.

EXPOSÉ DES VÉRITÉS PROPRES AU PROBLÈME PROPOSÉ.

NOTION. — DIVISION.

Le problème qui m'occupe est, on s'en souvient sans doute, énoncé dans la forme suivante : *La certitude dans la science du droit naturel, est-elle possible pour l'humanité dans son état actuel, et dans quelles limites?*

J'ai fait connaître, dans la première partie, le sens précis que j'avais entendu attribuer à chacun des mots qui composent cette formule. Puis abordant, dans la seconde partie, la démonstration du problème, j'ai employé le premier livre à exposer quelles vérités nécessaires à la démonstration j'admettais comme démontrées. Il me reste enfin à présenter, dans ce second livre, la démonstration des vérités qui sont spéciales au problème, et dont, non-seulement l'énonciation, mais encore la preuve, doivent logiquement être comprises dans cette étude.

Si ce que j'ai dit jusqu'à présent mérite, comme utilité, le même rang que ce que je dirai dans la suite, si l'un est aussi nécessaire que l'autre pour le bon accomplissement du travail que j'ai entrepris, cependant il faut reconnaître que, pour moi comme pour le lecteur, ce qui suivra aura une importance que n'a pas eue ce qui précède. Jusqu'ici, le lecteur devait me croire sans me combattre; il aura maintenant le droit de n'être de mon avis que si je le convainc. Je parlais sans craindre sa contradiction, j'étais son maître, il était mon élève. Désormais il retrouve sa liberté et je ne suis plus que son égal. J'étais, pour ainsi parler, sur le terrain de la foi, je pouvais affirmer sans prouver; désormais, je serai dans le domaine de la discussion : je ne pourrai rien avancer sans le justifier. Aussi, peut-on dire, à juste titre, que ce que je me propose d'exposer dans ce second livre constitue, par excellence, la démonstration du problème.

J'ai fait remarquer précédemment, à un moment où je m'occupais de rendre aussi claire que possible la signification de l'énoncé, qu'à la question générale qu'il formule équivalaient dans leur ensemble les trois questions partielles suivantes : 1° y a-t-il un droit naturel et en quoi consiste-t-il (possibilité objective)? 2° y a-t-il actuellement une humanité capable de le connaître avec la certitude scientifique, et dans quelles limites en est-elle capable (possibilité subjective)? 3° La connaissance de ce droit par cette humanité sous cette forme, est-elle possible et dans quelles limites (possibilité de rapport)?

La matière que je dois traiter se trouve ainsi divisée en trois points parfaitement distincts, et en général cette division sera, pour qui voudra examiner cette matière, une division excellente. Mais, dans le cas actuel, je ne puis l'adopter, pour un motif que j'ai invoqué dans une autre occasion : c'est que la démonstration du problème doit se faire par moi et pour mes lecteurs, c'est-à-dire par un homme et pour des hommes. Si c'était un être étranger à l'humanité qui dût s'en occuper, il pourrait, comme je le disais tantôt, adopter à bon droit la division que je viens de reproduire et examiner successivement et séparément chacun de ses termes. La seule nécessité à laquelle il ne pourrait se soustraire résiderait dans l'ordre de cet examen : il devrait absolument commencer par l'objet, continuer par le sujet et finir par le rapport. En effet, comment parviendrait-il à résoudre le point de savoir s'il existe une humanité capable de connaître le droit naturel, ce qui constitue la seconde question, s'il ne savait déjà, ce qui constitue la première, en quoi consiste le droit naturel, puisque ce serait pour lui le seul moyen de mesurer la capacité du sujet qui doit connaître à la nature de la chose qui doit être connue. Et de même, comment déterminerait-il s'il peut y avoir un rapport de connaissance entre le droit naturel et l'humanité capable de le connaître, ce qui est la matière de la troisième question, s'il ne savait pas déjà ce qu'est le droit naturel et ce qu'est la capacité de l'humanité par laquelle il doit être connu? Ainsi donc, je le répète, pour un esprit étranger à l'humanité, il y a, il est vrai, un ordre chronologique dont il ne peut dévier dans l'examen des trois questions, ordre qui s'impose à tout le monde parce qu'il est fondé sur la nature même des choses, mais au moins chacune de ces trois questions pourrait être examinée séparément.

Or cet examen séparé devient impossible lorsque c'est un homme qui entreprend la démonstration. C'est un fait qu'il n'est pas difficile de constater. Supposons, en effet, que fidèle à cet ordre chronologique que j'ai signalé tantôt, je m'attaque, moi homme, à la première question, qu'en d'autres termes je recherche si le droit naturel existe et en quoi il consiste; supposons de plus que, la résolvant, je conçoive en quoi ce droit consiste; n'est-il pas évident que j'aurai du même coup résolu les deux autres questions? Car, puisque moi, homme, je conçois le droit naturel, il en résulte, non-seulement que l'humanité est capable de le concevoir (seconde question), mais encore que le rapport entre l'humanité et ce droit est possible (troisième question).

Mais s'il en est ainsi, c'est-à-dire, si, d'une part, je ne puis commencer que par la première, et si, d'autre part, la solution de la première est inséparable de celle des deux autres, je devrai, écartant la division naturelle de la matière, me borner, en raison de cette circonstance fortuite que j'appartiens à l'humanité, à un examen unique, dans lequel les trois questions seront confondues ou plutôt marcheront de front, car il est impossible que l'une d'elles disparaisse. En d'autres termes, je tenterai de résoudre le problème en me demandant ce que moi ou mes semblables pouvons connaître du droit naturel; en mettant en œuvre, dans ce but, tous les moyens que nous avons d'acquérir des connaissances exactes et certaines, et en considérant à quel résultat on arrive. Chaque fois que j'aurai ainsi constaté l'existence d'une chose dans la réalité, c'est-à-dire son existence objective, j'aurai implicitement constaté ma capacité de connaître cette chose, et la possibilité d'un rapport entre elle et moi. Je le répète donc, les trois questions subsisteront quoique indissolublement unies.

Pourtant il n'en résulte pas que toute division soit impossible. S'il est vrai que je ne puisse disjoindre les éléments qui composent la matière que je me propose d'examiner, je puis au moins en faire différents tronçons, dont l'examen séparé facilitera ma tâche et reposera l'attention du lecteur. Si, comme je le disais ci-dessus, je dois mener de front les trois questions qui sont au fond de mon sujet, il m'est permis de diviser en étapes la route sur laquelle je marcherai sans jamais délaisser aucune d'elles. Chacune de ces étapes sera un développement nouveau de la matière, qui se déroulera sans cesse dans la plénitude de ses éléments jusqu'à ce que la solution en sorte.

C'est pourquoi je me demanderai d'abord si moi ou mes semblables nous pouvons nous assurer avec certitude et exactitude s'il y a, en réalité, un droit naturel; je me demanderai ensuite si nous pouvons découvrir de quoi se compose ce droit naturel, c'est-à-dire, quel est son contenu? Ce sont là, comme on le voit, les deux parties que renfermait la première des trois questions primitives. Elles se séparent dans la démonstration, non-seulement parce que chacune d'elles a un objet différent, mais surtout, parce que leurs solutions sont, comme on pourra s'en assurer, très-différentes. Le double examen auquel elles donneront lieu épuise la question de savoir si nous pouvons connaître avec certitude le droit naturel. J'en ferai l'objet des deux premiers chapitres qui vont suivre. Dans un troisième chapitre enfin, résumant tout ce que j'aurai fait dans les précédents, je formulerai la solution du problème et j'exposerai les réflexions utiles qu'elle me suggérera.

Voici donc la division que j'adopte :

Chapitre I. Y a-t-il un droit naturel?

Chapitre II. De quoi se compose le droit naturel?

Chapitre III Conclusion.

Avant d'entrer plus avant dans l'examen des termes de cette division, il ne me paraît pas inutile de faire remarquer qu'on ne pourrait avec raison me reprocher de renouveler, dans les deux premiers chapitres que je viens d'indiquer, l'examen d'un point que j'ai déjà vérifié et résolu dans la première partie de cette étude, quand j'ai exposé ce qu'il fallait entendre par cette expression « le droit naturel. » Je disais alors et je puis répéter maintenant qu'il n'y a aucune conclusion légitime à tirer de l'existence d'un mot à l'existence de l'être qu'il désigne. On peut expliquer ce que l'on entend par droit naturel, sans affirmer pour cela que ce droit existe dans la réalité. La question que je me propose d'examiner reste donc entière, et je puis à bon droit en commencer l'étude.

CHAPITRE PREMIER.

Y A-T-IL UN DROIT NATUREL?

Il convient de bien préciser l'objet de ce premier chapitre, dont peut-être le lecteur, à cause de la brièveté avec laquelle je me suis exprimé, n'aura pas bien saisi les contours.

Cette question : « Y a-t-il un droit naturel? » et cette autre : « De quoi se compose-t-il? » sont non-seulement distinctes, mais peuvent encore se résoudre séparément; en d'autres termes, la solution de la première n'implique nullement la solution de la seconde, comme on pourrait le croire à première vue. Pour bien s'en pénétrer, il importe que je dise quelques mots de la différence qu'il y a entre le genre et les individus qu'il renferme, ou, ce qui est la même chose, entre l'abstrait et le concret.

Le genre est l'ensemble des éléments communs à toute une série d'individus. Il se compose de ces éléments communs et d'aucun autre. Ainsi, par exemple, le genre droit est composé des éléments communs à tous les droits. C'est pourquoi il m'a été permis de dire que le droit est l'ensemble des rapports d'organisation consacrés par une loi et garantis par une contrainte obligatoire. Il n'y a, en effet, pas de droit dans lequel ces éléments ne se rencontrent. Mais il est facile de voir que si l'esprit, entraîné par une tendance de généralisation qui lui est familière, isole quelquefois, dans ses méditations, ces éléments communs à tous les individus d'un même genre, cette séparation est toute spirituelle et n'a rien qui lui corresponde dans la réalité. En effet, dans cette réalité, les éléments communs sont réunis dans chaque individu aux éléments propres : ils forment les uns avec les autres un tout indivisible. Il n'y a pas d'être dans la réalité qui soit purement l'ensemble des rapports d'organisation consacrés par une loi et garantis par une contrainte, mais il y a l'ensemble des droits, dont chacun aura tous ses éléments propres et communs. Aujourd'hui la vieille querelle des réalistes et des nominalistes peut être considérée comme vidée à l'avantage des premiers. Le genre, considéré en lui-même, n'a pas d'existence objective ; il n'est qu'une pensée, qu'un vain son.

On voit donc combien le genre diffère des individus. Celui-là n'est qu'une conception spirituelle, tandis que ceux-ci sont la réalité même ; celui-là ne comprend que les éléments communs, tandis que ceux-ci sont l'ensemble de tous les éléments qui composent un être. Or, par cela même que la conception du genre est en dehors de la réalité, d'où on l'arrache pour ainsi dire, on la nomme, en employant une expression qui ne manque pas d'énergie, une notion abstraite, tandis que la conception de l'individu est une notion concrète.

Mais, de cette triple vérité qui résulte de ce que je viens de dire, à savoir que d'abord la connaissance complète d'un être suppose la connaissance des éléments propres aussi bien que des éléments communs ; qu'ensuite, les uns sont inséparables des autres dans la réalité ; qu'enfin notre esprit peut concevoir les uns sans les autres, il résulte que l'on pourra, dans certains cas, rechercher la notion abstraite d'un genre sans rechercher les éléments propres des individus qui le composent ; que, même, il n'est pas impossible que l'on doive parfois procéder ainsi ; qu'enfin, on sera peut-être contraint d'avouer que, tandis qu'il sera donné à l'homme de découvrir les premiers, les seconds resteront à jamais inconnus pour lui.

C'est ce qui explique comment j'ai pu distinguer l'objet du présent chapitre de celui du chapitre suivant, et pourquoi j'ai dû cependant me décider à traiter l'un et l'autre: En me demandant s'il y a un droit naturel, je me demandais si le genre droit naturel existe, si l'on peut découvrir avec certitude que les éléments de ce genre existent dans la réalité. Mais je devais en outre, pour compléter ma tâche, qui consiste à rechercher jusqu'à quel point l'humanité peut connaître avec certitude tout le droit naturel, et non pas seulement les éléments généraux de ce droit, je devais, dis-je, me demander en outre, si elle peut connaître les éléments propres aux divers droits particuliers qui constituent le genre, et c'est ce que je ferai dans le second chapitre en recherchant si l'humanité peut connaître avec certitude de quoi le droit naturel se compose. On saisira mieux encore, je pense, au moyen d'un exemple, la distinction tranchée qui existe entre ces deux questions. En quoi la connaissance abstraite qu'il y a des rapports d'organisation consacrés par une loi et garantis par une contrainte, implique-t-elle la connaissance concrète des droits déterminés? en quoi me démontrera-t-elle ce que doit être la propriété de Pierre, quelle femme Jean doit avoir, quelles obligations il est bon que l'on impose au profit de Jacques? Il n'y a certes aucune conséquence à tirer de l'une à l'autre ; le genre ne fait pas connaître les individus, la connaissance des éléments communs n'est pas la connaissance des éléments propres, l'abstrait n'est pas le concret.

En résumé donc, la division que j'ai adoptée est fondée sur la nature des choses. Et maintenant que j'en ai fait ressortir toute la portée, et que le lecteur doit avoir mieux saisi la notion de l'objet du chapitre actuel, je reviens à cet objet qui consiste, on le sait, à rechercher s'il y a un droit naturel.

Il ne faut pas oublier que j'ai fait voir, dans le premier livre, que je ne pouvais accepter, dans la solution de ce point, que des connaissances exactes et certaines ; que j'y ai également exposé que je ne pouvais obtenir de connaissances certaines que par les sens, la mémoire et le langage, ou bien, par la raison et la déduction. J'essayerai de me montrer toujours, dans ce qui suit, rigoureux observateur de ces principes, en n'acceptant aucune connaissance comme certaine si elle ne leur est pas conforme.

Les sens, la mémoire, le langage ont donné à l'humanité cette conviction, désormais inébranlable, que l'homme fait partie d'un monde réel composé d'une matière douée de forces, qui se diversifie dans le temps et l'espace en une innombrable quantité d'êtres. C'est d'abord la terre, notre patrie commune, avec tout ce qui la constitue, avec tout ce qui y fourmille. C'est ensuite l'espace qui l'enveloppe jusqu'aux dernières limites dans lesquelles ont pénétré nos sens. C'est, en un mot, ce vaste ensemble de choses dont Alexandre de Humboldt a tracé les grandes lignes dans son *Cosmos*, et qui a donné lieu à cet arsenal de connaissances accumulées d'âge en âge par les efforts des naturalistes. Ce monde existe, ce monde est une réalité. C'est une conviction que les raisonnements les plus subtils et les plus spécieux de l'idéalisme sceptique essayeraient en vain d'arracher à l'humanité; ceux mêmes qui ont prétendu en démontrer l'illégitimité n'ont jamais mis leurs actes d'accord avec leurs livres, et se sont ainsi infligé à eux-mêmes un premier démenti. Puisque cette conviction profonde nous est donnée par les sens, la mémoire et le langage agissant dans ces conditions où ils peuvent produire la certitude, c'est une conviction que, d'après les principes que j'ai formulés dans le premier livre, je puis considérer comme certaine.

Mais si le nombre de connaissances certaines que nous ont procurées ces trois intermédiaires est immense, il n'est cependant pas infini. Il est en effet des bornes où leur action s'arrête, et ces bornes on les retrouve aussi bien dans le temps que dans l'espace. Quelque éloignés que soient ces astres mystérieux que l'humanité a découverts par la vue, celui de nos sens qui a la plus grande portée dans l'espace; quelque puissants que soient les moyens qui ont été inventés pour augmenter cette portée, il faut cependant avouer qu'il y a un point où l'inconnu commence, où la force des sens les plus pénétrants vient mourir, comme il est une limite que ne franchit jamais le flot des plus hautes marées. Je ne veux pas examiner encore si, là où les sens épuisés s'arrêtent, d'autres facultés ne servent pas à l'humanité à continuer sa marche dans la recherche de l'inconnu : je me borne, pour le moment, à constater qu'il y a une limite où nos sens ne nous sont plus d'aucun secours.

De même, si la mémoire que nous avons conservée du passé ; si les traces que ce passé a laissées sur l'écorce et dans le sein de la terre, nous ont permis de pénétrer dans les arcanes d'une antiquité prodigieusement reculée ; si Cuvier nous a révélé l'histoire des révolutions de notre globe pendant des myriades d'années avant les temps historiques ; si, de même que l'astronomie peut être fière de l'étendue des espaces dans lesquels son télescope a fouillé, le géologue ou l'archéologue ont le droit de s'enorgueillir d'avoir sondé la profondeur du temps, il n'en est pas moins vrai que dans l'histoire comme dans l'astronomie il est un terme où la nature dit à nos sens : Vous n'irez pas plus loin.

Mais quand ces sens s'arrêtent épuisés, impuissants, l'esprit de l'homme n'en continue pas moins son vol. Au delà des espaces qu'il a parcourus, au delà des âges qu'il a remontés, il voit d'autres temps et d'autres espaces : sa raison prend alors les rênes et c'est elle qui dirige le char des découvertes, c'est elle qui nous révèle avec une certitude invincible la notion de l'infini dans l'espace et dans le temps. Elle nous fait comprendre, avec une évidence à laquelle nul ne peut se soustraire, que du moment que l'on fixe une limite à l'un ou à l'autre, ils reparaissent aussitôt au delà ; que celui qui court à la recherche d'une frontière, la voit sans cesse reculer devant lui : il est comme un enfant qui poursuivrait son ombre ; que ce phénomène enfin se reproduit quels que soient les points où nous mettons nos bornes inutiles. Derrière ces nébuleuses, dont la lumière, qui cependant glisse rapide comme la pensée, ne nous est parvenue qu'après un interminable voyage au travers de l'espace ; avant ces temps où tout ce qui compose la terre n'était encore que des gaz répandus sur une étendue immense et flottant dans l'éther comme un interminable nuage, la raison nous dit que l'espace existe, que le temps existait. Car elle se refuse à concevoir le néant. Tous les efforts qu'elle fait pour se représenter ce « rien absolu » ne servent qu'à mieux lui démontrer qu'elle n'y saurait réussir, et elle doit reconnaître que si le dernier terme auquel elle peut atteindre dans cette voie est de concevoir l'espace et le temps vides, cet espace et ce temps sont eux-mêmes quelque chose et, comme tels, excluent le néant.

Mais si la raison est assez féconde pour nous donner ces notions ; si elle nous apprend aussi que dans l'espace et le temps infinis est répandue une essence infinie comme eux et dont ils ne sont en réalité que la forme, les secours qu'elle nous prête ne vont pas beaucoup au delà, et notamment c'est à son tour de rester muette quand nous lui demandons si, dans ces sphères ou dans ces périodes inconnues qu'elle nous a révélées, se reproduit cette variété d'êtres dont nous constatons l'existence dans le monde qui vit et se meut autour de nous. Tout au moins elle ne nous donne à ce sujet aucune certitude dans le sens que j'ai attribué précédemment à ce mot. En effet, notre raison ne répugne certes pas à croire que cette variété existe, que l'univers entier est composé d'êtres analogues, sinon semblables à ceux que nous ont révélés nos sens. Mais elle ne se refuse pas non plus à admettre qu'il n'en est pas ainsi, et si la première pensée qui nous vient est de croire que des globes sont partout semés dans l'espace, nous ne considérons pas cependant comme impossible qu'au delà des sphères où nous avons pénétré il n'y ait plus que le vide de l'éther. En un mot, tout sur ce point n'est qu'hypothèse et je ne saurais dès lors l'admettre ici.

Puisque en effet je ne puis accepter ici que ce qui est exact et certain, puisque je dois écarter la vraisemblance et la possibilité, puisqu'il faut aussi, comme on le verra, pour la démonstration que je veux faire, que mes observations portent sur un monde qui présente les conditions de celui que nous font connaître nos sens, je ne considérerai plus et ne soumettrai plus à mes observations que ce dernier et le restreindrai dans les bornes que ces sens ne peuvent franchir. Je le verrai isolé et comme suspendu dans l'essence infinie avec tout ce qui le compose, et je laisserai autour de lui, dans le temps et dans l'espace, cette étendue vague sur la composition de laquelle je ne puis rien dire de certain.

Or, me rapprochant tout à coup singulièrement de la solution que je cherche dans ce premier chapitre, je dis que ce monde isolé est un organisme.

Il y a organisme, ai-je déjà dit, quand il y a plusieurs êtres agencés ou destinés à s'agencer dans un tout commun; quand plusieurs êtres sont reliés les uns aux autres par des rapports réalisés ou destinés à se réaliser.

Or n'est-ce pas là ce que présente ce monde dont je parle, ce monde dans lequel nous vivons?

Tout, en effet, ne s'y montre-t-il pas lié à quelque chose qui se relie à son tour à une chose nouvelle? Est-il un seul être dont on puisse dire qu'il vit absolument isolé, n'attendant de secours de personne et n'en donnant à rien? Les astres ne font-ils pas tous partie d'un système où la marche de chacun dépend d'un astre voisin? Ne versent-ils pas leur lumière comme leur attraction, les uns sur les autres, pour s'éclairer ou pour se féconder? Tous les règnes de la nature, dont le vêtement splendide couvre la nudité de notre globe, ne sont-ils pas si intimement unis que la suppression de l'un d'eux entraînerait la ruine de l'autre? Que deviendraient les animaux si tous les fruits de la terre disparaissaient? Que deviendraient les arbres et les plantes si la terre était anéantie? Dans ce monde tout se touche, tout se tient; c'est une vaste trame : le vide et l'isolement ne se rencontrent nulle part. Chaque être s'appuie à un autre être comme les matériaux d'un édifice commun. Les lois de l'organisation sont le ciment qui les attache les uns aux autres.

Peut-être ce monde extérieur n'est-il lui-même qu'une partie d'un organisme plus vaste. Peut-être qu'au delà de ces bornes que j'ai indiquées et où commence pour nous l'inconnu en même temps que meurt la certitude, l'organisation continue. Mais, je l'ai déjà dit, je ne puis tenir compte de cette hypothèse et je ne la mentionne que pour faire remarquer qu'alors même qu'elle devrait se résoudre affirmativement, cela n'empêcherait pas le seul monde dont je puisse m'occuper, parce que c'est le seul de la variété duquel je puis être certain, d'être un organisme. La partie d'un organisme peut en effet être elle-même un organisme.

Mais s'il faut admettre l'existence d'un organisme, il faut admettre également qu'il y a, pour chacun des moments de son existence, ce que je puis appeler un maximum de perfection, c'est-à-dire un état qui est le plus parfait possible eu égard à ce moment, un état dans lequel cet organisme est réalisé le mieux possible. Je ne veux pas dire, bien entendu, que cette réalisation parfaite se manifeste toujours : je sais que l'on peut, à propos de bien des choses que nous voyons autour de nous, soulever la question de savoir si ce n'est pas là seulement une ébauche de ce qui pourrait être; qu'en déplorant les vices et les débordements des sociétés humaines, un homme vertueux peut se demander si tant de corruption ne pouvait être évité; je sais aussi que la réponse à une pareille question est au moins douteuse. Mais alors même qu'il faudrait reconnaître que tout n'est que l'image informe de ce qui aurait pu être, il n'en est pas moins vrai que par cela même que l'on s'afflige de cette situation misérable comparée à la perfection possible, on admet l'existence d'un état qui aurait été le plus parfait à un moment donné. S'il n'existe qu'à l'état de possibilité il n'en existe pas moins. N'est-il pas, au surplus, évident que du moment qu'une chose est, il est impossible qu'il n'y ait pas des limites entre lesquelles sont renfermées toutes les situations auxquelles elle peut atteindre; de ces limites, les unes fixent la perfection suprême, les autres le dernier degré de l'imperfection. Peut-être que la première est loin de réaliser le bien absolu et que la seconde n'est pas le comble du mal; mais là n'est pas la question : elle réside uniquement dans le point de savoir s'il y a des bornes pour le meilleur et pour le plus mauvais dans un être; or, je crois pouvoir affirmer avec confiance qu'on ne pourrait le nier sans absurdité.

L'organisme dont je viens de constater l'existence est donc susceptible de se trouver, à chacun des moments de son existence, dans un état qui est le plus parfait possible eu égard à ce moment. J'ajoute maintenant que ce même organisme est conforme à la nature. On sait que je veux dire par là que ce n'est pas une puissance arbitraire qui, profitant de sa force, a établi tous ces rapports d'organisation que j'esquissais plus haut, mais qu'ils dérivent de la nature même des choses laissée dans toute la liberté de son action. Il ne faudrait pas cependant exagérer la portée de ce que j'avance, et me prêter notamment cette pensée que, de tous les rapports d'organisation qui se présentent autour de nous, il n'en est aucun qui ne soit conforme à la nature. C'est là une difficulté relativement à laquelle je fais toutes réserves, car pour ne citer que quelques exemples parmi la multitude de ceux que je pourrais invoquer, je comprends aussi bien que personne qu'il est permis de douter si la polygamie est une organisation conforme à la nature de l'union des sexes, si l'esclavage est une organisation conforme à la nature des rapports de l'homme avec l'homme. Mais si de tels exemples prouvent qu'il est plus d'un rapport d'organisation d'une légitimité équivoque parmi ceux que nous offre le monde extérieur, cependant il ne viendra à l'esprit de personne de soutenir qu'il en est ainsi de tous. Cette pensée, que l'organisme entier du monde serait un immense édifice de choses disparates, assemblées arbitrairement par une puissance supérieure; que rien de ce qui est uni dans ce monde n'était fait pour être uni; que c'est à tort que certaines choses paraissent faites pour se compléter l'une l'autre; que partout la nature a été contrariée, tronquée, mutilée; que tout enfin n'est qu'accouplement monstrueux, est une pensée que rien ne peut faire accepter; et s'il faut reconnaître que parfois l'arbitraire semble se réaliser, pourtant on ne peut nier que c'est la nature qui, pour la majeure partie, règle l'organisation des êtres.

Mais quand cet organisme conforme à la nature se trouve, à un moment donné, dans l'état le plus parfait auquel il peut atteindre eu égard à ce moment, c'est à tort que l'on contesterait que l'ensemble des rapports d'organisation qui s'y trouvent sont consacrés par une loi. Je ne veux pas, on se le rappellera sans doute, parler de la loi dans le sens vulgaire du terme, c'est-à-dire de celle qui émane d'un pouvoir législatif humain; mais de la loi dans le sens que j'ai attribué à ce mot quand, dans la première partie de cet opuscule, j'expliquais ce que c'était que le droit. Est-ce qu'en effet dans cette règle qui détermine quand un organisme se trouve au plus haut degré de perfection possible pour lui, il y a quoi que ce soit qui dépende de lui? Pourra-t-il la modifier? Pourra-t-il faire que cette perfection devienne autre? Cette règle ne lui est-elle pas supérieure? Et en admettant qu'il puisse parfois en violer les principes, qu'il puisse se mutiler ou même se détruire, ne demeure-t-elle pas entière dans ses prescriptions, de même qu'au sein d'une société humaine la loi domine encore celui qui la transgresse, et reste intacte dans ce qu'elle ordonne malgré cette transgression? Violer une loi est, en effet, tout autre chose que la modifier.

Si les rapports intérieurs de cet organisme sont consacrés par une loi, je dis qu'ils peuvent en outre être garantis par une contrainte, et que pareille contrainte serait légitime. Que l'on considère, en effet, qu'il s'agit d'amener ou de maintenir, par cette contrainte, la réalisation de la situation la plus parfaite dans laquelle cet organisme peut se trouver à chaque instant; cela revient à dire qu'il s'agit de réaliser le plus grand bien possible et de le réaliser avec certitude. Or qui pourrait se plaindre qu'il en fût ainsi? Certes, celui qui élèverait la voix pour protester commettrait un acte de folie. Jamais contrainte n'aurait été plus légitime que celle-là. Ce serait un bienfaiteur universel que celui qui l'appliquerait, et jamais redresseur de torts n'aurait mieux rempli sa mission de justice, ni mieux mérité la reconnaissance de l'humanité.

Si je résume l'analyse que je viens de faire, j'en puis tirer cette conséquence qu'il est certain que le droit naturel existe. N'ai-je pas démontré que dans le monde extérieur auquel j'ai été initié par les sens et par la tradition, il y a un organisme; que cet organisme est conforme à la nature; qu'il peut à chaque moment de son existence se trouver dans un état qui est le plus parfait possible eu égard à ce moment; que cet état est consacré par une loi, et qu'il pourrait légitimement être garanti par une contrainte? Dès lors il est prouvé que le droit naturel existe, car il n'y a pas d'organisme sans rapports d'organisation, et la loi qui régit l'organisme lui-même, de même que la contrainte qui sert à la garantir, peuvent être appliquées aussi à chacun des rapports qu'il contient.

Partout donc où dans le monde extérieur on découvrira des rapports d'organisation conformes à la nature, comme ces rapports sont susceptibles, eux aussi, d'un état de perfection qui dépasse tous les autres états possibles pour eux, il faudra dire qu'il y a un droit naturel, qui consiste non pas nécessairement dans ces rapports tels qu'ils sont, mais tels qu'ils pourraient être.

Le moment est peut-être arrivé, où ceux qui ont accepté sans trop de répugnance la définition du droit naturel que j'ai adoptée dans la première partie, se sont aperçus qu'elle lui donne une extension qui va bien au delà de leur opinion personnelle et même de l'opinion commune. En appliquant, comme je viens de le faire, cette définition à la réalité, il faut d'une part englober dans le droit la morale entière, et d'autre part reconnaître des droits à des êtres qui ne font point partie de l'humanité. Pour ce qui regarde la morale, ne peut-on pas soutenir, en effet, par les mêmes raisons que j'ai fait valoir plus haut, que les rapports qu'elle établit entre les hommes sont des rapports d'organisation consacrés par une loi, et qui peuvent être légitimement garantis par une contrainte obligatoire? Le respect que le fils doit à son père, le secours que l'on doit à un malheureux, ne sont-ils pas des rapports de telle nature que, par les arguments dont je me suis servi, on peut prétendre qu'une loi les prescrit, et que nul n'aurait à se plaindre si l'on obligeait chacun à les observer? Et à un autre point de vue le droit, dans mon système, ne va-t-il pas désormais sortir de la société humaine et appartenir à des animaux; qui sait! peut-être même à des végétaux? Pour ceux-ci comme pour les hommes, n'existe-t-il pas des rapports d'organisation dont ils sont les termes? N'y a-t-il pas dans la nature mille choses dont on peut dire qu'elles reviennent aux animaux, en vertu d'une loi d'ordre universel; et s'il en est ainsi, ne convient-il pas de réclamer pour ces rapports la même contrainte obligatoire que celle qu'on attribue aux droits qui appartiennent à l'humanité? S'il faut admettre toutes ces conséquences, le système que j'ai présenté ne sort-il pas à la fois et des idées reçues, et des habitudes du langage, et de la vérité? Car de tout temps on a distingué entre la morale et le droit; des esprits consciencieux se sont efforcés de tracer la ligne qui les sépare; des livres nombreux ont été consacrés à cet objet; la langue enfin, ce miroir de la pensée, n'a jamais confondu l'une avec l'autre, et leur a donné des noms distincts. Et de tout temps aussi le droit a, dans l'esprit comme dans le langage des hommes, été strictement limité à l'humanité; rarement en théorie on a osé le revendiquer en outre au profit des animaux; et si quelqu'un l'invoquait au profit d'autres êtres, il s'exposerait au ridicule.

J'aurais un moyen facile d'imposer silence à ces objections. Je pourrais répondre que j'étais libre de donner aux termes de l'énoncé la signification qu'il me plaisait de choisir, et qu'à ce point de vue il m'était permis de faire entrer dans le droit la morale, et de reconnaître des droits à des êtres autres que les hommes. Mais ce serait refuser un combat où je crois avoir de mon côté les chances de la victoire; ce serait aussi m'exposer à perdre les sympathies de ceux qui me lisent, car la question est de celles qui tourmentent l'esprit d'un penseur et pour lesquelles il exige une solution de la part de celui qui vise à l'instruire. Quoique les points que je viens de toucher sortent donc, à la rigueur, de mon sujet, je me décide à m'en occuper, ce qui m'engage surtout à agir ainsi, c'est que je redoute de prévenir contre les doctrines que j'esquisse dans cette étude, des esprits que mon plus grand désir est de convaincre de leur vérité.

En faisant entrer la morale dans le droit, on paraît commettre une énormité, puisqu'il semble que l'on ne peut dès lors s'abstenir d'imposer aux devoirs moraux cette contrainte, qui va au besoin jusqu'à la force, et qui empêche la violation des droits. De même que l'on peut forcer les citoyens au respect de la propriété, ou au payement de leurs dettes, de même on pourrait les forcer à l'exécution de tous leurs devoirs moraux, c'est-à-dire à être charitables, sobres, chastes, bienveillants, reconnaissants. Ne voit-on pas que, d'un côté, on fait disparaître toute liberté, tandis que, d'un autre côté, par l'impossibilité où l'on est de commander aux sentiments du cœur ou même de les découvrir, on veut appliquer une contrainte à des devoirs sur lesquels elle n'a aucune prise? Comment, non-seulement obliger un homme à éprouver de la gratitude, mais encore comment savoir s'il en éprouve? Comment le contraindre à aimer quand son cœur ne lui inspire que de la haine?

Ces objections, qui viennent s'ajouter à celles que j'ai déjà fait valoir, ne sont cependant que spécieuses.

On a dit mille fois et l'on répétera dix mille fois encore qu'il faut en toutes choses distinguer la théorie de la pratique. En cela on a eu souvent raison. Je veux, pour me justifier, faire ici une application de cette vérité. Dans la pratique, rien n'est plus convenable que de distinguer le droit de la morale, et d'appliquer à celle-ci une contrainte qu'il faut se garder d'appliquer à celui-là. Je nomme pratique l'organisation des sociétés positives par la mise en œuvre des moyens toujours restreints dont dispose l'humanité. On a, en effet, remarqué depuis longtemps, et c'est une vérité qui fait du chemin tous les jours, que, dans les sociétés positives, la prospérité, le bien-être, le progrès sont d'autant plus intenses que la contrainte est moins appliquée aux rapports des hommes entre eux. C'est là-dessus qu'est fondé tout le système de cette grande école politique qui a pour devise : la liberté individuelle, et qui semble appelée à prévaloir partout, dans un temps rapproché. La contrainte appliquée par l'autorité a en elle quelque chose de délétère qui flétrit la plupart du temps ce qu'elle touche. Presque à toutes les époques et chez tous les peuples, on a compris cela, surtout en ce qui concerne cet ensemble de principes que l'on a réunis sous le nom de morale. On les a délivrés de toute contrainte ; on a laissé à la liberté de l'homme le soin de les observer ; on en a fait un groupe nettement distinct du droit, et on leur a donné un nom particulier. Sur ces points je ne puis être que de l'avis de tout le monde.

Mais lorsqu'il ne s'agit plus de cette contrainte qu'applique la main funeste d'une autorité qui ne sait ni découvrir les principes de la morale, ni veiller convenablement à leur observation; d'une autorité qui, n'étant presque toujours qu'une collection d'individus ni plus instruits, ni plus habiles que ceux qu'ils veulent gouverner, n'a aucun droit à prétendre leur imposer des règles de conduite; quand il ne s'agit plus des moyens restreints, imparfaits, impuissants que les hommes emploient pour découvrir le droit ou pour le faire respecter par une société turbulente et inquiète; quand, au contraire, sortant du monde positif, il est question d'une morale parfaite et d'une contrainte débarrassée de toute infirmité; pourquoi donc celle-ci ne serait-elle pas légitime, et comment pourrait-on séparer, en ce qui la concerne, le droit de la morale? Que, dans les sociétés positives, il y ait lieu de distinguer entre les rapports d'organisation; que l'on mette d'un côté ceux qui supportent une contrainte et d'un autre côté ceux auxquels il serait dangereux d'en appliquer une; que des esprits éminents s'occupent de faire avec soin ce triage; que l'on indique les cas où l'homme est capable de forcer, au besoin, à l'accomplissement d'un devoir, et ceux où tous les moyens qu'il a à sa disposition viendraient se briser contre l'impossibilité de pénétrer dans une conscience ou d'imposer à quelqu'un une affection que la nature ne dicte pas; qu'il se forme des écoles, les unes de la centralisation et du despotisme, les autres de la liberté individuelle; qu'il y ait enfin un droit et une morale clairement séparés, je l'admets. Mais ce que je ne puis admettre, c'est qu'en dehors du domaine des erreurs, des faiblesses et des iniquités humaines, dans les régions sereines où l'on prétend découvrir le véritable bien, on veuille encore distinguer entre le bien à l'application duquel on peut contraindre, et celui pour l'accomplissement duquel il faut laisser toute liberté. C'est un pays où la morale vient se réunir au droit. Dans la théorie ils se confondent, dans la pratique ils se séparent; et véritablement le seul motif que l'on a, dans la vie positive, de distinguer l'un de l'autre, réside tout entier dans la question de savoir si, pour une règle de conduite donnée, la contrainte sera ou ne sera pas pire que la liberté. C'est parce qu'ils les ont vus distincts dans la pratique que des philosophes ont voulu, mais à tort, les distinguer également dans la théorie. Pour moi, je ne puis voir en cela qu'une erreur, et voilà pourquoi, à mon avis, le droit naturel renferme ce que l'on est convenu d'appeler la morale, et pourquoi aussi je puis, tout en émettant cette doctrine, être autant partisan que personne de la plus grande liberté individuelle possible.

J'arrive maintenant au second point, qui consiste, on s'en souvient, à examiner jusqu'à quel point il est permis de dire que l'on ne peut à juste titre restreindre le droit naturel à l'humanité.

Il n'est pas douteux que ce ne soit là une opinion universellement répandue et contre laquelle on s'est rarement insurgé; cependant des lois comme la loi Grammont, et les institutions protectrices des animaux ont, de notre temps, protesté contre elle, quoique avec une extrême réserve et peut-être sans soupçonner qu'en agissant comme elles le faisaient, elles affirmaient implicitement le titre des animaux à réclamer une place au soleil sur le terrain du droit. Cet ostracisme qui frappe tout ce qui n'est pas homme, a, quand on y réfléchit, quelque chose d'excessif et de tyrannique. Par la raison du plus adroit, sinon par la raison du plus fort, l'homme est devenu le maître sur notre planète, et s'est aisément habitué à croire, parce que cela flattait ses instincts, que tout ce qui s'y trouve n'a été créé que pour lui. Idée bizarre, sans fondement suffisant, et qui témoigne d'un aveuglement extrême ou d'un orgueil monstrueux. Dès qu'il a cru que tout n'existait qu'à son profit et qu'il était la fin de toutes choses, il a été fatalement conduit à n'admettre de droit que pour lui seul. Comment, en effet, en eût-il pu reconnaître à tous ces êtres qui ne vivaient que pour la satisfaction de ses besoins, qui avaient été créés non pas pour qu'ils pussent disposer de lui, mais uniquement pour qu'il pût disposer d'eux? C'est ainsi que si j'ai la propriété d'un cheval, quoique celui-ci soit l'un des termes du rapport juridique qui existe entre moi et lui, je puis seul cependant être considéré comme ayant un droit, parce que je suis le seul des deux termes du rapport qui a la disposition de l'autre, et qui en tire profit et jouissance.

Mais cette conception restreinte d'un droit borné exclusivement aux hommes repose, comme je l'avançais, sur un principe erroné, ou tout au moins non démontré. Ce vieux préjugé, né dans des temps d'ignorance, et qui réduit la création entière à n'être destinée qu'au service de l'homme, est aujourd'hui sérieusement menacé, et on eût pu prédire sa chute le jour où, abandonnant les naïvetés de l'astronomie primitive, la science ne conçut plus l'azur du ciel comme un plafond constellé, mais où elle comprit qu'il n'était que la couleur de l'espace infini, et que la terre n'était qu'un satellite mesquin et presque du dernier ordre, roulant ignoré dans une orbite étroite, et sur la surface duquel l'humanité apparaissait comme une misérable fourmilière. Impossible, après cela, de croire encore que des millions de mondes, d'étoiles, de soleils, de planètes, tous gigantesques en comparaison de la terre ; qu'un système astronomique où celle-ci n'apparaissait que comme un accessoire, n'auraient eu d'autres raisons de sortir du chaos que l'utilité d'êtres humains, qui ne virent le jour qu'au moment où des astres innombrables avaient déjà resplendi dans le firmament pendant une interminable période de siècles.

L'homme alors fut amoindri, et la distance s'effaça entre lui et les autres êtres. Il dut regarder d'un œil moins dédaigneux ces compagnons de sa petitesse et de sa misère ; et chaque fois que ces pensées seront présentes à son esprit, il se révoltera moins à l'idée d'un droit qui leur serait commun avec lui.

Je ne veux pas prétendre d'une manière absolue que l'homme ne puisse demander à d'autres êtres la satisfaction de ses besoins. Je dis seulement que les autres êtres ont aussi des droits, en ce sens que l'on ne peut tout violer à leur égard sans enfreindre aucune loi. Ils sont liés aux hommes par des rapports de droit, mais l'homme peut être lié à eux par des rapports de même nature. Le droit, dans le langage ordinaire que l'on doit surtout se sentir enclin à m'opposer, s'entend incontestablement d'une chose qui revient à un être, pourvu que ce soit en vertu d'une loi et que l'on puisse y ajouter une contrainte obligatoire. Or tous ces éléments ne se présentent-ils pas notamment en ce qui concerne les animaux? On me concèdera sans peine qu'il est des choses qui leur reviennent, que la nature a pourvu à leurs besoins, et qu'il y a même, parmi tout ce qu'elle produit, une multitude d'êtres qui n'ont d'utilité que pour eux. Il existe donc des rapports d'organisation dans lesquels les animaux apparaissent comme sujets de droit, c'est-à-dire comme des êtres pour lesquels d'autres êtres semblent créés. Et que l'on remarque que, si même il fallait admettre que tout a été créé pour l'homme, il n'en faudrait pas moins dire cependant que si certaines choses reviennent à d'autres êtres, ces êtres ont des droits sur ces choses, alors même qu'ils devraient servir un jour à la satisfaction des besoins de l'homme. Comme, de plus, les rapports que je viens de signaler existent en vertu des lois de la nature qui sont les plus hautes, les plus vraies, les plus dignes d'être observées parmi toutes celles que l'on peut concevoir, cet autre élément, la loi, nécessaire pour qu'il y ait droit, ne fait pas non plus défaut. Enfin, comme le bien complet ne comprend pas seulement le bien de l'homme, mais le bien dans tous les ordres de la nature; comme l'harmonie universelle embrasse tous les êtres et non pas seulement l'humanité; comme il est opportun, pour que la perfection de l'ensemble soit atteinte partout, qu'aucune partie ne soit oubliée, la contrainte pourra être invoquée avec autant de raison pour les rapports que j'envisage maintenant que pour ceux où c'est l'homme qui remplit le rôle de sujet du droit. En résumé donc, tous les éléments du droit peuvent y être découverts, et c'est à tort, ainsi qu'on vient de le voir par un exemple choisi au milieu de beaucoup d'autres, que l'on voudrait me faire un reproche d'avoir donné au droit une signification plus large, ou, pour me servir d'un terme caractéristique, plus panthéiste qu'on ne le fait ordinairement. Si la langue paraît refuser ce sens au mot « droit, » c'est qu'elle ne fait que suivre une pensée erronée; aussi longtemps que l'on conçoit mal la nature d'une chose, et que, par une vue incomplète de ce qu'elle est, on ne tient pas compte de l'un ou de l'autre de ses éléments, il se peut qu'on lui dénie le nom qu'elle mérite et qu'on lui en attribue un qui ne lui convient pas. Il est donc toujours dangereux d'invoquer le nom que porte un être comme argument pour établir sa nature. Il n'y a, en effet, aucun lien nécessaire entre eux. Au moyen âge, dit-on, certains moines qui s'accommodaient difficilement des rigueurs du jeûne, appelaient poisson le gibier et en mangeaient le vendredi. Ne tombons pas dans ce ridicule. Le devoir du grammairien comme du juriste est d'étendre le nom de droit à tout état de choses où les éléments du droit apparaissent, alors même qu'on ne le lui aurait jamais donné auparavant; car le lui refuser serait commettre une faute de langue aussi bien qu'un déni de justice.

Je crois en avoir dit assez sur la matière de ce premier chapitre. Le résultat des recherches que j'y ai faites est assez satisfaisant pour le penseur, car elles ont démontré l'existence certaine du droit naturel dans la réalité. C'est là une connaissance qui compense le regret que l'on éprouve de ne pouvoir constater cette existence que dans un temps et un espace limités. Je vais aborder le second chapitre, où j'aurai à discuter un point, sinon plus important dans son objet, au moins plus compliqué dans son développement, plus difficile dans son examen, et moins consolant dans sa solution.

CHAPITRE II.

DE QUOI SE COMPOSE LE DROIT NATUREL ?

J'ai examiné si le droit naturel existe ; j'ai constaté qu'il existe et que c'est là une connaissance exacte et certaine, qui, comme telle, a le droit de trouver place dans cette étude. Mais si la notion de cette existence fait partie de la science du droit naturel, si, en la connaissant, on connaît quelque chose de ce droit, si, enfin, affirmer avec exactitude et certitude que l'homme peut être convaincu de cette existence, c'est répondre en partie à la question formulée dans l'énoncé, il faut cependant avouer que l'existence n'étant qu'un seul des nombreux attributs qu'on retrouve dans toute chose, ne connaître que cet attribut parmi tous ceux qui appartiennent au droit naturel, ce n'est pas être fort avancé dans la science de ce droit.

Quand je sais, en effet, que le droit naturel existe, je sais qu'il existe des rapports d'organisation sanctionnés par une loi et susceptibles d'être garantis par une contrainte, et que ces rapports font partie d'un organisme conforme à la nature ; je sais aussi qu'ils seront des rapports de droit naturel, quand l'organisme dans lequel ils se trouvent sera parvenu, à un moment donné, au plus haut degré de sa perfection. Mais comme cette notion laisse mon esprit vide ! Elle ne me dit rien en effet de ce que ces rapports seront sous une forme concrète ; en quoi ils consisteront dans un temps, dans un lieu et pour des êtres déterminés. Elle est purement abstraite et s'applique à tous les droits naturels dans tous les temps et dans tous les lieux.

Est-il possible que l'homme complète pour soi la science en ajoutant à cette notion abstraite toutes les notions concrètes qui doivent la remplir? Pourra-t-il découvrir non-seulement que le droit naturel existe, mais en quoi il consiste? Telle est la question à laquelle je veux essayer de répondre, et vraiment c'est la plus délicate de toutes celles que j'aurai eu à examiner. Elle constitue, pour ainsi dire, le point culminant de mes recherches; et si le lecteur a suivi avec intérêt tout ce qui précède, il aura compris que, de même que dans un drame, j'en suis arrivé au nœud de l'action.

On a vu que le fait même de l'existence du droit naturel ne se présentait pour l'homme, avec un caractère de certitude, que pour un espace et un temps limités. C'est dans ces mêmes bornes, les seules où il est certain qu'il existe, que je me demanderai de quoi il se compose.

Toute cette matière que l'on voit, sous l'empire des forces qui en sont inséparables, se présenter avec une forme toujours nouvelle, aussi longtemps que l'esprit a gardé la mémoire du passé, aussi loin que nos facultés peuvent pénétrer dans l'espace, renferme, comme je l'ai démontré plus haut, à chacun des moments de son développement continu, des rapports d'organisation qui ont les caractères requis pour constituer des droits naturels. Ces rapports sont-ils toujours réalisés, c'est-à-dire la nature telle que nous la connaissons se présente-t-elle toujours dans la perfection la plus haute à laquelle elle peut atteindre? Ou bien, cette perfection n'existe-t-elle souvent qu'en puissance, sa réalisation ayant été contrariée? Dans ce dernier cas, l'esprit humain peut-il, pénétrant l'essence des choses, découvrir, sous la réalisation imparfaite, ce que devrait être la réalisation parfaite? Ce sont là autant de questions qui se rattachent au sujet que j'ai à traiter. Mais pour y répondre avec toute la clarté désirable, je crois devoir analyser, de plus près que je ne l'ai fait jusqu'à présent, les moyens que l'homme a d'acquérir des connaissances. J'essayerai de découvrir ce que chacun de ces moyens peut lui révéler de cette catégorie spéciale de connaissances que je recherche dans le présent chapitre ; je tenterai, en d'autres termes, de me rendre compte des limites dans lesquelles chacun d'eux est capable de nous apprendre ce que seraient les divers rapports d'organisation qui se présentent dans la nature, si celle-ci atteignait, à chaque moment de son développement, son maximum de perfection.

J'ai dit, dans le premier livre, que toutes les connaissances que l'homme peut avoir lui viennent exclusivement soit par des intermédiaires spirituels, soit par des intermédiaires corporels. J'ai énuméré les uns et les autres. J'y ai ajouté la mémoire et le langage, et je ne délaisserais pas ici ces deux derniers, si les connaissances qu'ils nous transmettent ne supposaient pas toujours l'acquisition antérieure de ces connaissances par un intermédiaire spirituel ou corporel. La mémoire, en effet, ne peut me mettre dans l'esprit qu'une chose que je connais déjà, mais que j'ai écartée provisoirement de cette partie de mon intelligence où, comme des acteurs dont le tour est venu de paraître, se montrent les pensées qui me préoccupent à un moment donné. Quant au langage, il ne sert qu'à faire passer dans mon esprit une connaissance déjà existante dans un esprit voisin. Le langage et la mémoire ne contribuent donc pas à accroître la somme de connaissances dont dispose l'humanité ; ils n'augmentent pas le nombre des richesses intellectuelles ; ils ne sont que les instruments de leur circulation. Ce n'est pas d'eux que viennent les connaissances nouvelles ; elles ont pour source unique les intermédiaires spirituels et corporels. Si, par suite, lorsqu'il s'agit d'un homme déterminé dont l'intelligence n'est pas assez féconde pour tout découvrir par elle-même, il faut, quand on examine les connaissances qu'il peut acquérir, tenir compte de la mémoire et du langage ; s'il est même permis parfois, en pareil cas, de dire qu'ils seront les meilleurs instruments de leur acquisition, on peut, au contraire, les passer sous silence quand il s'agit de déterminer quelles sont les connaissances que l'humanité, dans son ensemble, et non plus un individu isolé, est capable d'acquérir, et ne considérer alors que les autres intermédiaires de connaissances.

Or, ces intermédiaires agissent, soit isolément, soit en combinant leurs efforts. Tantôt l'esprit s'isole pour méditer, tantôt les sens seuls semblent agir en nous, tantôt l'esprit prend pour thème de créations nouvelles une image que lui ont donnée les sens. Et même l'un ou l'autre de ces modes de procéder domine selon la constitution intellectuelle de chacun, celui-ci ne vivant que pour le monde extérieur, celui-là sans cesse concentré en lui-même. Il en résulte que, pour vérifier complétement quelles connaissances l'homme est en état de se procurer, je devrai passer sommairement en revue : d'abord l'action isolée des intermédiaires spirituels, puis l'action isolée des intermédiaires corporels, et enfin leur action combinée. C'est ce que je m'efforcerai de faire, au point de vue restreint du droit naturel, dans les trois paragraphes qui vont suivre.

Je pense qu'en démembrant ainsi la matière, je parviendrai à rendre plus évidente la conclusion à laquelle j'arriverai. Je sais qu'il est difficile, en général, de distinguer la part que chacun de ces groupes de facultés prend dans la grande œuvre de l'acquisition des connaissances humaines. D'ordinaire on se préoccupe assez peu de la question de savoir d'où vient une connaissance, pourvu qu'elle vienne. C'est le résultat et non la source que l'on considère, la fin et non les moyens. Mais je suis obligé de sortir du sort commun des choses, et j'espère que l'attention du lecteur ne me fera pas défaut à un moment où elle m'est plus nécessaire que jamais.

§ 1.

Intermédiaires spirituels agissant isolément.

Ces intermédiaires sont, on le sait, la raison, le raisonnement et les instincts spirituels. Mais, de même que dans le paragraphe suivant il n'importera pas que je distingue entre nos cinq sens, ainsi je puis actuellement ne pas distinguer entre nos facultés spirituelles; il suffit que j'examine quelles connaissances elles produisent dans leur ensemble. Il m'est permis de le faire, parce que mon but est d'arriver à rendre claire la démonstration que je fais, et que s'il m'a paru nécessaire, pour obtenir cette clarté, de séparer des sens les facultés spirituelles, je crois qu'il est superflu, pour l'obtenir, de séparer les uns des autres, soit les sens, soit les facultés spirituelles.

Quelles connaissances exactes et certaines peuvent me donner ces dernières facultés, agissant isolément, sur ce qui constitue le droit naturel dans les limites où j'ai pu précédemment m'assurer que ce droit existait? Telle est donc la question à laquelle je dois répondre.

Cette question donne lieu à un examen qui porte sur la puissance productive, au point de vue de la connaissance, des facultés de l'esprit humain. Pareil examen peut se faire apparemment par divers procédés; mais, sans m'arrêter à les passer en revue, je vais exposer celui qui m'a paru convenir le mieux à la matière.

Par un patient et puissant effort faisons, si je puis m'exprimer ainsi, le vide dans notre esprit; expulsons-en toutes les connaissances qui s'y sont introduites, replaçons-le dans sa pureté primitive; faisons table rase de tout ce que nous connaissons; mettons-nous, en résumé, dans cet état d'ignorance absolue, que tant d'écoles philosophiques ont à bon droit signalé comme l'état dans lequel doit se placer tout homme qui veut commencer la science, et, partant d'une base assurée, marcher d'un pied sûr de connaissance en connaissance, dans la voie de la vérité. Je ne cite cet exemple des écoles philosophiques, qu'en vue d'établir que ce que je demande au lecteur ne doit pas lui paraître impossible, mais seulement peut-être difficile, comme je l'en avertissais il n'y a qu'un instant.

Quand nous aurons ainsi expulsé la multitude des connaissances acquises, comme on expulse d'une maison une foule bruyante et variée, tandis que d'une part nous arrêterons l'exercice de nos sens, préparons-nous à donner libre cours à nos facultés spirituelles. Supposons-nous sourds, aveugles, paralytiques, privés de goût et d'odorat; interceptons les communications que nous avons avec le monde extérieur par l'intermédiaire des sens; que ces liens par lesquels ils nous y rattachent en nous le faisant connaître, soient rompus et ne les renouons pas. Mais que, d'un autre côté, nos facultés spirituelles soient laissées dans la liberté la plus entière; qu'elles soient prêtes à prendre leur plus large essor et à nous donner tout ce que peut engendrer leur plus grande fécondité.

Et quand nous nous serons ainsi préparés à l'œuvre que nous voulons accomplir, considérons qu'il s'agit pour nous de découvrir quelles connaissances de droit naturel peuvent nous procurer ces facultés spirituelles agissant isolément. J'ai fixé précédemment les limites du monde dans lequel il nous est permis d'affirmer avec certitude que le droit naturel existe; ce monde nous est apparu alors comme renfermant le droit dans son sein; mais au milieu des choses si multiples qu'il contient, je n'ai pas indiqué quelles étaient celles qui constituaient des rapports de droit naturel. Maintenant le moment est venu d'essayer d'achever mon œuvre et de combler cette lacune. Les facultés spirituelles livrées à elles-mêmes le peuvent-elles? Est-ce que ce sont-elles qui nous indiqueront quel devra, dans ce monde, être l'état déterminé des choses, pour qu'elles soient telles que le droit naturel l'exige? Vont-elles m'enseigner quelle partie déterminée du sol doit être attribuée en propriété à chaque citoyen, à qui reviendra la maison qui est sur la colline, à qui le champ qui en est proche, à qui le bois qui borde l'horizon? M'enseigneront-elles quelle est la meilleure et la plus juste distribution que l'on peut faire des richesses sociales? Me montreront-elles avec certitude quelle est, parmi toutes les femmes, celle qui convient le mieux à chacun de mes semblables; ce qu'il faudrait que je fisse pour Pierre, et ce qu'il faudrait que Pierre fît pour moi? En résumé, est-ce par elles que j'apprendrai, non pas que le droit naturel existe, mais ce qu'il est sous forme concrète pour tous les rapports du monde où je vis? De telle façon que, grâce à elles, je pourrai sans hésitation dire ce qui revient à chaque homme, dans tous les temps et dans tous les lieux. Que l'on considère que cela ne revient à rien moins qu'à reconstituer, par le seul effort de la pensée, le monde extérieur, non pas précisément tel qu'il est, mais tel qu'il devrait être à chaque instant pour se trouver dans la situation la meilleure à laquelle il peut atteindre; car rien ne prouve que la réalité est toujours la parfaite expression du bien et que tout est pour le mieux dans le meilleur des mondes possibles. Le problème partiel en présence duquel je me trouve consiste donc à rechercher si, par la seule force de nos facultés intellectuelles, nous pouvons avec certitude reconstruire la réalité. Question grave et débattue depuis longtemps.

Livrées à elles-mêmes, les facultés spirituelles peuvent produire une infinité de connaissances. Le vide de l'esprit en peut être inondé. Elles nous les donnent plus abondamment que les sens, car ceux-ci se bornent à nous faire connaître le monde extérieur, monde unique et déterminé, tandis que l'esprit, grâce à l'imagination et à ses caprices, peut créer des mondes divers. Notre intelligence se remplit de connaissances en nombre indéterminé et d'une variété indéterminée aussi. C'est là un phénomène qui, dans les limites de l'observation, se manifeste indistinctement chez tous les hommes. Mais si les connaissances qui pénètrent ainsi dans l'intelligence peuvent être pour tous nombreuses et variées, il n'en faut pas conclure que tous les acquièrent avec une égale rapidité, ou que pour tous elles sont les mêmes. Bien au contraire, leur acquisition sera lente ou rapide selon les individus et selon les dispositions où se trouve leur esprit; selon ces individus et selon ces dispositions, elles auront aussi des caractères différents. Celui-ci, dont l'esprit est actif, en acquerra en moins de temps de plus nombreuses et de plus diverses, que celui-là, dont l'esprit est paresseux et stérile. Tel autre, dont la pensée a une tournure originale, en produira d'une forme qui sortira du commun. Ici se manifesteront des connaissances abstraites, là des connaissances concrètes. Chacun enfin, fouillant, pour ainsi parler, sa mine intellectuelle aux endroits où l'entraînent ses instincts dominants ou ses caprices du moment, en extraira une collection de connaissances. Chacun verra surgir dans son intelligence un monde d'êtres nouveaux. Ainsi, n'est-il pas vrai que l'esprit humain laissé à lui-même peut non-seulement concevoir des connaissances abstraites comme celles de l'espace, du temps ou de ce qui, sous le nom d'essence, s'étend dans l'un et l'autre, mais qu'il peut aussi peupler l'uniformité de ces grandes conceptions d'êtres concrets petits ou grands? Ces conceptions diverses pourront revêtir des formes-étranges, chimériques, monstrueuses; elles pourront n'avoir rien de réel, et notamment ne ressembler nullement aux êtres du monde au milieu duquel nous vivons et qui nous sont transmis par les sens; jouissant d'une pleine liberté, manquant du contre-poids de ces sens, nos conceptions pourront atteindre à un degré étonnant de bizarrerie ou de licence. Mais il n'en est pas moins certain que rien n'empêche qu'elles ne soient concrètes et que parmi elles on n'en découvre qui présentent les caractères du droit. Aussi est-ce aux facultés spirituelles agissant isolément que l'on doit en grande partie les utopies juridiques qui, dans presque tous les temps, ont été, pour quelques esprits amoureux de l'idéal, le dernier terme du progrès en matière d'organisation sociale.

Pourtant ce n'est pas à cette liberté sans frein que je puis m'abandonner. Les connaissances de droit naturel que je recherche doivent être exactes et certaines. Il ne suffit pas que je conçoive au hasard un ensemble de choses qui me paraîtra être un droit naturel et auquel il me plaira d'en appliquer le nom. Il faut que j'aie la certitude que cette qualification est méritée. Or, parmi toutes ces connaissances de prétendus droits naturels que l'imagination introduisait avec tant d'abondance dans notre intelligence, quelles sont celles qui sont d'une exactitude certaine? Quand, possédés du désir de nous représenter, par le seul secours de nos facultés intellectuelles, des droits naturels concrets, pourrons-nous être légitimement convaincus de l'exactitude de l'un d'eux? Quand nous sera-t-il permis de nous dire qu'à tel moment de l'existence du monde, l'organisation de ce monde devra être de telle espèce pour se trouver dans l'état le plus parfait auquel elle peut arriver eu égard à ce moment? Quand pourrons-nous décrire un rapport de droit déterminé avec la certitude que tel il serait si cet état de perfection étrait atteint?

On est contraint d'avouer que cette fécondité extrême dont il était question tantôt devient une stérilité absolue lorsque la question est posée dans ces termes. Nos facultés spirituelles agissant isolément ne sont fécondes qu'à la condition qu'on ne leur demande pas de certitude; l'exige-t-on, elles sont frappées d'impuissance; tantôt si prolixes, elles sont maintenant muettes.

Il est vrai qu'abandonné à lui-même, notre esprit n'est pas complétement dépourvu de connaissances certaines; ces doctrines qui soutiennent que tout ce que nous connaissons nous vient du dehors; qui disent : *Nihil est in intellectu quod non prius fuit in sensu*, paraissent verser dans une erreur et perdent tous les jours quelque chose du crédit qu'elles ont eu à une autre époque. Il est, en effet, des vérités qui s'emparent de nous avec une irrésistible autorité, et qui ne viennent pourtant que de notre esprit; telles sont notamment les conceptions de l'essence, du temps et de l'espace infinis, dont j'ai fait usage dans le chapitre précédent. Elles surgissent dans notre intelligence quand nous nous efforçons de nous représenter, par nos seules ressources spirituelles, ce qu'est l'univers. Mais ce sont là des conceptions purement abstraites, et l'on sait que ce sont des connaissances concrètes dont je poursuis maintenant la découverte.

Et ces connaissances abstraites qu'engendre notre esprit ont un caractère particulier qui montre mieux encore, lorsqu'on l'examine de près, combien cet esprit est incapable de concevoir par lui-même quoi que ce soit de concret. Elles sont, en effet, ce que je nomme : absolument générales. Pour bien faire comprendre cette expression, je ferai remarquer que dans toute chose susceptible d'être divisée en parties, il y a des éléments généraux, des éléments relativement communs et des éléments propres. Les premiers sont ceux qui se retrouvent dans toutes les parties, les seconds dans plusieurs, les troisièmes dans une seule. Connaître l'ensemble de ces éléments c'est, comme je l'ai déjà dit dans le cours de cette étude, avoir une connaissance concrète de la chose à laquelle ils appartiennent ; ne connaître que l'une ou l'autre des trois catégories que je viens de signaler, c'est n'en avoir qu'une connaissance abstraite. Mais ce que je n'ai pas encore eu l'occasion de faire remarquer, c'est que les connaissances abstraites sont générales quand il s'agit d'éléments de la première catégorie, et relativement communes quand il s'agit d'éléments de la seconde. Ainsi, par exemple, le monde extérieur que nous font connaître les sens comprend des éléments généraux, qui sont la matière, le temps, l'espace, etc., car on les découvre dans tous les êtres qui le composent ; des éléments communs, qui sont les propriétés des différents règnes de la nature, propriétés qui sont spéciales à chacun de ces règnes ; enfin des éléments propres, qui consistent dans les qualités particulières à des individus déterminés et qu'on ne découvre que chez eux. Le monde extérieur est concret dans son ensemble ou dans une de ses parties, quand ou bien cet ensemble ou bien cette partie sont pris dans l'intégralité de leurs éléments. Il est abstrait dans le cas contraire.

Après ces explications, je reviens à ce que j'avançais tantôt, à savoir, que les intermédiaires spirituels ne peuvent nous procurer en fait de connaissances certaines, que des connaissances abstraites générales, dans le sens le plus absolu du mot. Je le répète, nous pouvons par leur secours isolé concevoir le temps, l'espace, l'essence : ce sont là précisément des connaissances abstraites absolument générales, puisqu'il nous est impossible de concevoir un être dans lequel elles n'existeraient pas. Mais efforçons-nous d'aller plus loin ; essayons de féconder la vague uniformité de ces conceptions primitives par des êtres déterminés, sans oublier, bien entendu, que nous n'y pouvons rien admettre qui ne soit certain ; mettons en œuvre toute la puissance de nos facultés spirituelles agissant isolément, pour engendrer, non pas même des êtres déterminés qui seraient des connaissances concrètes, mais les propriétés, par exemple, du règne végétal ou du règne animal qui ne constituent que des connaissances relativement communes. Nous devrons confesser notre impuissance, car tout ne sera qu'hypothèse, qu'imagination pure ; la certitude nous échappera sans cesse. Le rêve de ceux qui, entraînés par leurs illusions, ont pu croire un moment que l'esprit humain pouvait par sa propre force recomposer en entier le monde dans le champ de l'intelligence, est aujourd'hui évanoui. Autant vaudrait croire à la fable qui dit que tout fut tiré du néant. S'il est vrai, comme on l'a raconté, qu'un philosophe allemand a prétendu qu'en s'absorbant dans son esprit, en l'isolant de tout, et en interrogeant uniquement les facultés créatrices dont il est doué, il avait pu reconstruire l'ensemble des choses, de façon à arriver fatalement à faire naître Socrate dans Athènes avec son visage difforme et son intelligence divine, avec Alcibiade pour disciple et ses concitoyens pour bourreaux, il est permis de ne voir dans son système qu'une hallucination, fille peut-être d'une fièvre causée par une méditation prolongée outre mesure.

Pour qui analyse froidement nos facultés spirituelles, l'homme ne peut revendiquer ce brillant privilége de tirer de lui-même l'image de l'édifice immense du monde. Il doit se résigner à un rôle plus modeste. Oui, ces facultés ne nous donnent que des connaissances abstraites absolument générales, et celui qui se croit en droit de dire qu'elles sont capables de tout nous apprendre, nous prête des forces que nous n'avons pas.

Mais dès lors quand, ramenant la question au point de vue particulier que j'envisage, je me demande une dernière fois si les intermédiaires spirituels, agissant isolément, sont capables de nous faire connaître de quoi se compose le droit naturel, je dois répondre négativement. Les éléments généraux de ce droit sont ceux dont j'ai découvert l'existence dans le premier chapitre. Ici je n'ai pour but que de découvrir ses éléments relativement communs et ses éléments propres. Je recherche quelles sont les divers genres, quels sont les divers droits déterminés compris dans le droit naturel. Or, je viens de le prouver, ce ne sont pas de pareils éléments que peut nous donner avec certitude notre esprit fonctionnant sans aucun secours étranger. Comme un astre dont l'orbite est restreinte, il ne peut sortir de l'abstraction; la sphère des êtres concrets lui est interdite. C'est là une vérité qu'une observation personnelle attentive révèlera à chacun de nous; les développements que je viens de donner serviront de préparation et de guide pour s'en convaincre.

§ 2.

Intermédiaires corporels agissant isolément.

J'ai démontré dans le paragraphe précédent que les intermédiaires spirituels agissant isolément, comme facultés génératrices de connaissances, étaient hors d'état de nous enseigner avec certitude ce qui compose le droit naturel. Dans le paragraphe actuel je les abandonne, pour examiner si, à leur défaut, les sens, agissant dans le même isolement, ne nous seront pas plus utiles.

Mais il convient qu'auparavant je m'explique sur ce que j'entends par l'action isolée des sens, car la signification que je donne à ces mots n'est pas celle qu'il faudrait leur attribuer, si on les prenait au pied de la lettre.

C'est, en effet, une vérité aujourd'hui presque universellement reconnue, que les sens ne transmettent pas directement à notre intelligence la représentation des objets extérieurs tels que ceux-ci existent dans la réalité, mais seulement les modifications que leur font éprouver ces objets, modifications toutes nerveuses, et qui, lorsqu'on les considère en elles-mêmes, ne reproduisent nullement les objets qui les causent. Ces modifications, qui ne sont tout au plus que des ébauches, sont interprétées par l'esprit. Au moyen d'une faculté qui lui est propre, il les remplit, il les met en œuvre, il leur donne une figure, et ce n'est qu'après ce travail que les connaissances des objets extérieurs nous apparaissent telles que nous les possédons.

S'il fallait donc s'en tenir rigoureusement à la seule action des sens, il conviendrait de ne considérer que ces données rudimentaires qu'ils transmettent à l'esprit et que celui-ci interprète. Mais ce n'est pas ce que je ferai dans ce paragraphe. Mon examen portera en effet sur les connaissances qui résultent de l'interprétation de ces données par l'esprit. Les motifs que j'ai pour en agir ainsi, c'est que d'une part on ne distingue pas, dans la vie ordinaire, entre le pur travail des sens et ce travail interprété par l'esprit, et que l'on parle toujours comme si le résultat de l'un et de l'autre était dû aux sens seuls; et que, d'autre part, ma démonstration n'en sera pas moins bonne, tout en devenant plus claire, car je serai mieux d'accord avec les idées communes, que l'on n'abandonne jamais sans s'exposer aux dangers de tomber dans l'obscurité.

Fonctionnant de la manière que je viens d'indiquer, les sens peuvent-ils nous faire connaître de quoi se compose le droit naturel? Peuvent-ils nous le faire connaître avec exactitude et certitude?

De même que précédemment j'excluais soigneusement l'action des sens, pour m'en tenir aux seules connaissances que nous procurent les facultés intellectuelles, de même je dois maintenant écarter ces dernières pour ne laisser de libre cours qu'aux sens. Ce travail est plus facile, car il semble que l'homme doive faire un effort pour engendrer des connaissances purement spirituelles, tandis qu'il n'a, pour ainsi dire, qu'à ouvrir les yeux et les oreilles pour obtenir des connaissances sensorielles. Aussi, les plus grandes intelligences, dont le caractère distinctif est d'exceller dans les choses difficiles, produisent-elles surtout les premières, tandis que les secondes sont le partage même des ignorants.

Comme j'ai déjà eu occasion de le démontrer, ce sont les sens qui nous font connaître les êtres divers innombrables qui composent la réalité. Mais ils ne nous font connaître cette réalité que telle qu'elle est. Ce n'est point par leur seule action que nous concevons parfois l'idéal de tel ou tel objet déterminé ; on verra dans le paragraphe suivant comment nous obtenons ce résultat ; on verra qu'il faut, pour y arriver, l'action combinée des sens et des facultés spirituelles. Impressionnés par les objets du monde extérieur, les sens nous transmettent ces impressions telles qu'elles sont. Ils nous font connaître la réalité telle qu'elle est, rien de plus, rien de moins. Ils ne savent ni l'embellir ni la défigurer. Ils sont un miroir fidèle dans lequel elle se réfléchit sans être altérée.

Mais que l'on remarque qu'ils n'ajoutent à ce qu'ils nous donnent aucun commentaire sur la perfection ou l'imperfection de ces connaissances. Ce n'est point par eux que nous pouvons les juger, dire ce que valent, comme bien ou comme mal, les êtres auxquels elles correspondent. Ce n'est pas l'œil, quoiqu'il en paraisse de prime abord, qui juge de la beauté d'un paysage, ni l'oreille de l'harmonie d'une musique, ni l'odorat de la douceur d'un parfum. On peut avoir, comme en général les gens de la campagne, la vue excellente, et n'être pas touché par les plus beaux spectacles de la nature ; on peut avoir l'ouïe fine et manquer du sens musical ; on peut avoir l'odorat excellent et trouver désagréable un parfum suave. Et réciproquement, un esprit cultivé avec des sens affaiblis est capable de discerner dans toutes ces choses ce qui mérite notre admiration ou ce qui doit nous inspirer de la répugnance. Mais c'est surtout quand on se demande jusqu'à quel point les sens peuvent juger avec certitude du bien ou du mal d'une action ou d'un objet, que l'on reconnaît qu'ils se bornent à nous en transmettre l'image sans jugement, car dès que l'on veut juger, on met en œuvre le raisonnement, faculté qui leur est absolument étrangère.

Si je nomme connaissance d'existence, celle qui consiste à savoir uniquement si un être existe, et connaissance d'appréciation celle qui consiste à savoir ce qu'un être vaut au point de vue du bien et du mal, je devrai donc déclarer que les sens ne nous procurent que les premières et sont complétement hors d'état de nous révéler les secondes. Grâce à eux, nous savons quels sont les objets qui sont autour de nous, et ils nous donnent à cet égard une certitude que nous pouvons difficilement atteindre par tout autre moyen. Mais ils ne vont jamais au delà.

Dès lors il est impossible que les sens seuls nous apprennent quelque chose de ce qui constitue le droit naturel. Alors même en effet que cette réalité à laquelle ils nous initient, serait toujours le plus haut état de perfection auquel, peut à un moment donné, arriver l'organisme de la nature, les sens en nous faisant connaître cet état ne nous disent pas ce qu'il vaut. Ils ne nous renseignent en rien sur ce point. Messagers muets entre la réalité et notre esprit, ils nous révèlent cette réalité sans l'accompagner d'aucun commentaire, ils nous fournissent la matière à analyser, mais ils ne l'analysent pas. Puisque donc le droit naturel exige que nous sachions avec certitude si un état de choses déterminé réalise cette perfection suprême que je viens de rappeler, il est vrai de dire que les sens sont des instruments inutiles pour qui veut s'avancer dans la science de ce droit, et qu'il peut sans préjudice dédaigner leur secours.

La conclusion à laquelle j'arrive dans ce paragraphe n'est donc pas plus heureuse que celle à laquelle je suis parvenu dans le paragraphe précédent. Mais elle est aussi importante, et, comme telle il convient de s'en pénétrer. On y arrivera plutôt en méditant les raisons que j'ai données à l'appui, qu'en se bornant à en faire une lecture rapide. Car les vérités philosophiques sont de celles qu'on ne saisit pas au vol : elles ne se livrent qu'à la réflexion opiniâtre; précieuses entre toutes, elles ne sont pas comme ces coquillages sans valeur que l'on ramasse sur tous les rivages, mais comme les perles qui se cachent au fond des eaux, et qu'on n'obtient qu'au prix d'un pénible labeur.

§ 3.

Action combinée des sens et des intermédiaires spirituels.

Ce n'est donc ni aux intermédiaires spirituels, ni aux sens agisant isolément, que nous pouvons nous adresser pour connaître avec certitude ce qui compose le droit naturel. Il ne me reste plus qu'à examiner si leur action combinée n'est pas plus féconde. Elle est notre dernier recours, et puisque connaître ou ne pas connaître le droit naturel est une question qui doit avoir pour l'humanité les plus graves conséquences, on ne saurait tenter sans émotion ce dernier coup de dé, qui nous apprendra si nous avons été heureux ou malheureux dans une de ces grandes parties qui ont pour enjeu la vérité, et où les philosophes, incorrigibles joueurs, tentent la fortune avec des chances diverses depuis que, pour la première fois, la fièvre de connaître a enflammé le cerveau des hommes. Passion bizarre qui domine surtout les grandes âmes, car elle exige dévouement et sacrifice; celui qui cherche la vérité souffre et se fatigue, même quand il doit réussir. Quelles régions tristes et obscures il parcourt dans le voyage que lui font péniblement accomplir ses méditations et ses veilles; que de fois arrivé au terme de ses travaux, étonné lui-même de ce qu'il a pu supporter, il se dit qu'il n'eût jamais osé affronter tant d'ennuis et de souffrances, s'il avait pu les entrevoir avant le départ!

Je rappelle d'abord que l'action combinée des intermédiaires spirituels et corporels doit s'entendre avec une signification restreinte, et qu'elle ne comprend pas l'interprétation que fait l'esprit des données informes des sens.

Il n'est pas douteux que, l'esprit et les sens combinés entre eux, ne produisent des connaissances qu'isolés ils auraient été impuissants à engendrer, et que ces connaissances ne soient excessivement nombreuses ; car ici, comme lorsqu'il s'est agi soit des facultés spirituelles, soit des sens agissant isolément, ce n'est pas le nombre qui fait défaut.

Je dis que ces connaissances existent et qu'elles sont nombreuses. C'est en effet un point qu'il n'est pas difficile de vérifier.

Elles peuvent se produire en raison de circonstances diverses. Une des plus fréquentes, que je cite parce qu'elle se rapproche le plus de mon sujet, c'est le désir de juger les connaissances qui nous sont transmises par les sens. En effet, rien n'est plus ordinaire que de nous sentir entraînés à nous éclairer sur ce que sont, au point de vue du bien, tous ces êtres qui nous environnent; cette inclination semble avoir sa cause dans le désir du bien-être et de la conservation personnelle, qui se retrouve au fond de la nature de chacun de nous : nous voulons savoir si rien ne nous menace; nous voulons aussi, lorsque nous ressentons quelque malaise ou quelque privation, découvrir comment nous pourrons y porter remède; nous cherchons perpétuellement le bonheur, et si notre âme est élevée, nous ne le faisons consister que dans le bien; marchant ainsi sans trêve à la recherche de la perfection, nous la demandons à tout ce qui nous entoure, et nous sommes toujours en train de juger ce que valent les êtres du monde dans lequel nous nous trouvons enfermés. Mais ces jugements multipliés qui sortent continuellement de notre intelligence, ne peuvent se faire sans une comparaison entre ce qui est et ce qui devrait être; car juger, c'est comparer, comme on l'a souvent dit avec raison. Il nous faut donc un point de comparaison pour apprécier cette réalité qui nous préoccupe. et c'est alors que, la prenant elle-même pour base, et nous efforçant de découvrir ce qu'il y a en elle de défectueux, nous mettons en exercice des facultés spirituelles dont nous sommes pourvus, et nous concevons au dessus d'elle une réalité que nous croyons plus parfaite, et qui nous sert à la juger. Par ce qui se trouve dans l'une, nous déterminons ce qui manque à l'autre, et nous mettant à l'œuvre, nous essayons de combler les lacunes et de corriger les imperfections. C'est l'accomplissement de ce travail de correction et d'amélioration que les hommes ont nommé le progrès et qui est l'objet constant de leurs efforts.

On comprend, sans peine, de quelle importance est, pour le sujet qui m'occupe, l'existence de facultés qui remplissent une pareille fonction. J'ai pour but de découvrir le droit naturel, c'est-à-dire un ensemble de rapports les plus parfaits possibles, et je me trouve en présence de facultés qui jugent de la perfection des choses. Est-ce que, dès lors, je ne puis à juste titre concevoir l'espérance que j'ai enfin à ma disposition l'instrument qui m'a échappé dans les deux paragraphes précédents, et qui m'est indispensable pour découvrir en quoi le droit naturel consiste?

Mais juger et bien juger, sont des opérations distinctes; de même que juger et juger avec certitude. De ce que j'ai en moi des facultés au moyen desquelles je puis porter une sentence sur la perfection et l'imperfection des êtres, je ne puis légitimement conclure que ces facultés sont infaillibles dans leurs fonctions. Elles sont peut-être sujettes à l'erreur. Dès lors, avant d'accepter définitivement comme certaines les connaissances qu'elles me procurent, je dois m'assurer du degré de confiance que je puis avoir en elles. C'est peu que d'avoir un instrument, il faut encore qu'il soit exact.

C'est pourquoi je vais analyser chacune de ces facultés, voir ce qu'elle peut donner et soupeser la certitude qu'elle est capable de produire.

Ces facultés sont la conscience, le goût, le bon sens d'une part, et d'autre part la raison et le raisonnement. Ce sont elles qui nous servent à juger de la perfection des choses, en nous faisant concevoir pour chacune d'elles un type qui réalise plus ou moins cette perfection. Ce sont, dis-je, les seules; car l'observation personnelle que chacun de nous peut faire sur son esprit, démontre que l'on n'en peut découvrir d'autres qui remplissent le même office. J'exprime ainsi en quelques mots une vérité très-importante pour la démonstration que je fais, et dont on ne peut comprendre la justesse que par une analyse minutieuse et prolongée que l'on doit faire de soi-même. Cette analyse, je ne puis la reproduire; que deviendrait en effet cette étude si je devais, prenant une à une des centaines de connaissances, démontrer que toutes n'ont d'autres sources que celles que je viens d'indiquer. C'est au lecteur à faire cette expérience sur son propre esprit et à corriger ainsi la brièveté qui est pour moi d'obligation.

Il est presque superflu de rappeler que la conscience est cette faculté au moyen de laquelle nous jugeons de la valeur morale d'une chose, spontanément, instinctivement, sans avoir raisonné.

Pouvons-nous nous fier sans crainte à ses enseignements? Est-elle pour nous une mesure infaillible du bien et du mal? Quand elle a parlé, nous est-il permis de nous reposer sur sa parole et de croire qu'il est certain qu'elle ne nous trompe pas?

Quelque valeur que l'on se plaise à attribuer à la conscience, et malgré l'habitude que l'on a d'en appeler à son témoignage, je crois devoir répondre que, livrée à elle-même, elle ne saurait nous donner aucune certitude. Je conjure le lecteur de se souvenir de ce qu'est la certitude. Je le prie aussi de ne pas m'objecter tant d'exemples où l'on a vu l'action aveugle de la conscience humaine découvrir et conseiller le bien qu'aurait découvert la raison, et qu'elle aurait à bon droit rangé parmi les principes les plus élevés et les plus difficiles à justifier par une démonstration irréprochable. Je ne nie pas en effet que, par une secrète harmonie de notre nature et de nos penchants, le mouvement spontané de l'âme ne soit quelquefois l'expression du bien; un instinct aveugle marche quelquefois d'accord avec la vérité; le castor qui construit ses digues, l'oiseau qui bâtit son nid, l'araignée qui tisse sa toile, le pigeon voyageur qui retourne au colombier, ne raisonnent pas; ils subissent l'influence mystérieuse d'un instinct que la nature a déposé en eux. Telle est aussi la conscience; tels sont aussi, comme on le verra plus loin, le bon sens et le goût. Mais, par une sorte de contradiction de la nature, l'homme, qui est supérieur aux animaux sous beaucoup d'autres rapports, n'a pas des instincts aussi réguliers, aussi inflexibles que les leurs. En présence de tant d'exemples où les facultés humaines dont je viens de parler se sont égarées, quel est l'esprit raisonnable qui osera prétendre qu'elles ne nous trompent jamais; et du moment où l'on admet qu'elles peuvent nous tromper, comment distinguer le bon et le mauvais parmi les choses innombrables qu'elles conseillent, sans recourir à une autre faculté qui devient alors l'arbitre d'une certitude qu'elles ont été incapables de nous donner? Il est des vérités qui sont communes à toutes les consciences, mais il serait curieux de vérifier combien de fois elles ont dû être prouvées par le raisonnement avant d'être devenues de ces axiomes généraux qui, introduits dans l'intimité de nos âmes, non par celles-ci mais par l'éducation, se sont transformées en règles instinctives de conduite. Il en est d'une foule de principes, aujourd'hui universellement admis, qui forment le bagage banal de toutes les consciences, et que l'on invoque à chaque instant sous le nom d'honneur et de morale, comme de l'interprétation que nous faisons des données rudimentaires de nos sens. D'abord, il nous a fallu un effort soutenu et un raisonnement hérissé de difficultés; puis l'habitude a tout aplani et le raisonnement est devenu si rapide qu'il semble avoir disparu; j'ai signalé ce phénomène dans le premier livre. De même les règles de morale et d'honneur, ont été d'abord sujettes à l'hésitation et à la discussion; peu à peu elles se sont affermies et pour ainsi dire solidifiées; les hommes se les sont transmises et elles ont acquis force de préjugés. Mais quand on remonte à leur origine, on retrouve le raisonnement vrai ou faux qui les a pour la première fois fixées. Ce n'est qu'après qu'elles ont passé dans notre for intérieur. Ce ne sont pas les consciences qui les ont formées et qui leur ont donné leur autorité; ce sont elles qui ont formé les consciences.

Si l'on voulait recourir à la conscience seule pour former la science, celle-ci deviendrait une nouvelle Babel; car le nombre des vérités morales sur lesquelles on est d'accord n'est, en définitive, que très-restreint, et encore n'en est-il point sans doute parmi elles une seule contre laquelle ne proteste quelque âme ignorée. C'est en écoutant la voix de la conscience, que se commettent les actes de fanatisme aussi bien que les actes de vertu sublime. Régulus et Jacques Clément étaient inspirés par elle; elle était aussi impérative chez l'un que chez l'autre; et si l'on ne s'en tenait qu'à elle, tous deux mériteraient la même admiration.

En résumé, la faculté dont je parle est une force, mais sans direction; elle suit celle qu'on lui imprime; livrée à elle-même, elle est immobile ou indécise; elle peut aussi aller droit ou s'égarer.

Grâce à la légèreté avec laquelle on accepte comme irréprochables les données des sources de nos connaissances, alors surtout qu'elles semblent avoir pour résultat de nous mener au bien, on a depuis longtemps donné à la conscience une autorité qu'elle ne mérite pas. Les jugements qu'on lui attribue sont considérés comme sans appel, et c'est devant son tribunal que l'on renvoie les incrédules qu'un raisonnement boiteux n'a pu convaincre. Un pareil procédé ne peut servir qu'à engendrer l'erreur, et à entraver la découverte des connaissances certaines. Dans tous les cas, les connaissances émanées de la conscience pure ne peuvent être admises ici, puisque c'est la certitude seule que je recherche. Je dois donc les écarter alors même qu'il faudrait admettre qu'en général elle se trompe peu, que les chances qu'elle a d'enseigner la vérité sont plus nombreuses que celles qu'elle a de conseiller l'erreur, et que les jugements qu'elle porte sur la perfection ou l'imperfection des êtres peuvent être considérés au moins comme vraisemblablement exacts.

On essaie quelquefois de justifier par un raisonnement spécieux la valeur exagérée que l'on accorde à ses productions. J'ai remarqué, dira quelque philosophe de salon, que mes sens ne me trompent pas lorsqu'ils m'apprennent qu'un objet existe en dehors de moi; que rien n'est plus certain que cette existence; de même, j'ai remarqué que ma conscience m'avait, en général, enseigné exactement ce que c'est que le bien, et désormais je puis y croire et j'y veux croire comme à ma vue, comme à mon ouïe.

Ce n'est là qu'une analogie. Or l'analogie est le plus faible des arguments : c'est ce qu'enseigne la logique élémentaire, et l'on s'expose au ridicule en prétendant fonder sur elle une certitude. Ce n'est, dis-je, qu'une analogie, et encore est-elle imparfaite; car, outre les raisons que nous avons pour ne pas conclure d'une faculté corporelle à une faculté spirituelle, la foi que nous attachons aux données des sens a des motifs que l'on ne retrouve plus quand il s'agit de la conscience. Chacun des sens sert en effet de contrôle à l'autre; quand je doute de ma vue, le toucher vient me tirer d'incertitude. Ensuite, si des peuples et des hommes ont pû être inspirés différemment par la conscience; si les uns ont cru bon ce que d'autres jugeaient mauvais, si noyer son vieux père infirme est un acte de piété sur les bords du Gange et un crime monstrueux sur les bords de la Seine, jamais on n'a vu noir en Asie ce qui était vu blanc en Europe ; il y a pour les sens une unanimité qui ne s'est jamais démentie et que la faculté qu'on prétend leur assimiler ne peut revendiquer, de telle sorte que le sentiment commun des hommes vient démentir, par la façon différente dont il les traite, l'analogie que l'on veut établir. Enfin, je demanderai ce que deviendrait la morale, si chacun tenait le raisonnement que je combats, si chacun prétendait avoir un guide sûr dans sa conscience personnelle. Que de confusions, que de contradictions se présenteraient ! Tous les hommes, dans tous les pays, dans toutes les classes, voient, entendent, sentent de la même façon, sauf de légères nuances ; mais quelles différences, je ne saurais assez le dire, sur les points de morale, selon la nationalité, le temps, le lieu, l'âge, le sexe, l'éducation ! Aussi, ne faut-il pas que l'on enseigne à bien voir, à bien entendre ; tandis qu'il faut que des esprits éminents recherchent les principes de morale pour les apprendre à la foule.

La conscience est parfois un guide ; elle peut atteindre au bien, mais elle peut aussi conseiller le mal en croyant conseiller le bien ; elle ne saurait être considérée comme un arbitre de la certitude, et quand, au-dessus des êtres imparfaits que nous voyons autour de nous, elle nous en fait concevoir d'autres qui nous paraissent meilleurs, c'est avec défiance que nous devons accepter ses créations, car elles pourraient n'être qu'un mirage.

J'arrive maintenant au goût.

Le goût remplit pour l'appréciation de la beauté et de l'ordre dans les choses, la même fonction que la conscience pour l'appréciation de leur moralité; c'est-à-dire que par un mouvement spontané il juge du degré de cette beauté ou de cet ordre. C'est lui qui, à l'aspect d'une chose, nous fait dire instinctivement : C'est beau ou c'est laid, comme la morale nous fait dire : C'est bien ou c'est mal, comme le bon sens nous fait dire : C'est raisonnable ou c'est absurde.

Si le goût a parfois produit seul des conceptions artistiques dont le raisonnement lui-même n'aurait pu nous donner l'idée; si c'est à lui surtout qu'on semble devoir les chefs-d'œuvre qui perpétuent la gloire des grands artistes et qui soulèvent dans l'âme de l'homme ces émotions qui sont les plus pures de ses jouissances, aucune faculté ne paraît cependant plus fragile quand il s'agit de nous donner quelque certitude sur une question. Ce n'est pas toutefois que, dans sa sphère, il n'ait la même puissance que la conscience, et qu'au fond, il n'ait pas eu de tout temps le même droit que celle-ci à réclamer notre confiance. Mais les hommes ont éprouvé le désir de se mettre d'accord sur les principes de la morale, plus tôt et plus vivement que le désir de s'entendre sur les questions d'art; les premières sont, en effet, plus nécessaires à la prospérité des sociétés que les secondes, et l'on en trouve la preuve dans ce fait, qu'aujourd'hui encore la morale est le partage de toutes les classes, même des plus infimes, tandis que l'art ne se trouve que sur les sommets élevés. On comprend une société sans la culture de l'art : la Rome ancienne, au temps des rois et pendant les premiers siècles de la république, est là pour le prouver; mais on n'en comprend pas sans morale. C'est pourquoi la conscience a toujours eu une importance et une autorité que le goût ne peut pas revendiquer.

Le goût est une faculté dont les résultats varient avec les époques, les nations, les individus et les âges, et cette variabilité est un indice du peu de certitude de ses productions. Par un assentiment presque universel, quoique peu réfléchi, on admet que s'il peut produire des représentations plus parfaites que la réalité, cependant rien n'autorise à croire que ses créations les plus élevées sont le dernier terme de la beauté. Et si l'on demandait au goût seul de nous indiquer avec certitude quelle est la situation la plus parfaite dans laquelle le monde peut se trouver à chacun des moments de son existence, personne n'hésiterait à dire que c'est là une question à laquelle il ne peut répondre. Aussi, l'a-t-on toujours exclu de la science; fonder une vérité sur sa seule autorité paraîtrait une faute grossière de méthode, capable peut-être de contenter les esprits superficiels, mais indigne des esprits sérieux. S'il m'est permis de faire une remarque rétrospective, je dirai qu'il est étrange de voir comment, alors que l'on se montre si universellement d'accord pour écarter le goût, en tant que l'on en voudrait faire un moyen d'investigation scientifique, on accepte cependant comme telle la conscience, qui n'en diffère cependant que par la nature des principes qu'elle enseigne et non point par la valeur qu'il faut leur attribuer ; en d'autres termes, ce qu'elle dit du bien n'a rien de plus ni de moins sûr que ce qui est affirmé du beau par le goût.

Que dirais-je enfin du bon sens, cette faculté qui nous fait juger de la vérité comme les précédentes de la moralité et de la beauté, qu'en dirais-je, qui ne dérive déjà de ce qui précède? Quelque mérite qu'ait souvent le bon sens, et quelque valeur qu'on lui ait souvent attribuée, il ne sera jamais qu'un mauvais instrument pour arriver à la certitude ; et s'il a parfois dit vrai, il ne faut pas chercher bien loin pour reconnaître que parfois aussi il s'est trompé. Il ne pourra également que balbutier et finir par se taire, quand on recourra à lui pour connaître avec certitude cet état de perfection où le monde extérieur doit être, pour que les rapports d'organisation qu'il contient soient des droits naturels.

Conscience, goût, bon sens, sont donc capables d'engendrer des connaissances qui paraissent être plus parfaites que la réalité. Parfois leurs productions sont exactes, mais parfois aussi elles ne le sont pas, et cela suffit pour les rendre toutes incertaines. Que l'on croie à leur vraisemblance, soit ; que l'on fonde une philosophie du bon sens, ou même une philosophie de la conscience ou du goût, soit encore. Elles contiendront peut-être beaucoup de bonnes choses; car le bon sens, le goût, la conscience, ont parfois des inspirations éloquentes et sublimes, qui vont au delà des sphères où le froid raisonnement peut pénétrer. Quantité d'actes de dévouement, nombre de chefs-d'œuvre dans l'art, nombre de livres dans la science, sont le produit d'opérations intellectuelles où le raisonnement n'a pas tenu de place. On peut bien juger, soit sur le dire d'autrui, soit par un mouvement instinctif de la nature, sans être en état de raisonner son jugement. Mais cela ne suffit pas pour que l'on puisse légitimement attribuer à la conscience, au bon sens et au goût une portée qu'ils n'ont pas; cela ne suffit pas pour que l'on puisse les considérer comme arbitres de la certitude. Ils peuvent faillir. Qu'on ne leur demande pas surtout de nous enseigner la certitude en matière de droit naturel. Ces trois facultés ne sont que des instincts soumis à l'empire du doute. Ils frappent en aveugles, tantôt touchant le but et tantôt le manquant.

Restent enfin la raison et le raisonnement. Eux aussi, partant des données des sens, arrivent à nous faire concevoir des êtres plus parfaits que ceux de la réalité qui nous environne. Ils scrutent la réalité pour y découvrir ce qui lui manque, et en réparer les lacunes en imagination. Quand nous avons sous les yeux une société où règne la débauche, la conscience nous en fait concevoir une où ne règne que la vertu; quand nous nous sentons choqués à l'aspect d'un objet grossier ou difforme, le goût peut nous en donner une image où toute difformité a disparu; quand nous entendons affirmer un paradoxe, le bon sens est capable de nous révéler la vérité qu'il viole. Mais la raison et le raisonnement peuvent, eux aussi, remplir toutes ces fonctions, et découvrir le bien, le beau et le vrai.

Ils peuvent le faire avec certitude, car j'ai admis précédemment qu'ils en étaient pour l'homme la véritable mesure. En cela ils ont une supériorité sur les facultés que je viens d'examiner, et c'est pourquoi je les en ai séparés. Mais elle ne suffit pas pour que nous puissions concevoir de quoi se compose le droit naturel. Il faut de plus que, parmi les connaissances certaines qu'ils nous communiquent, se rencontrent celles qui constituent la science de ce droit.

Or, la raison et le raisonnement n'ont pas une portée sans limites. Ils ne sont pas capables de découvrir toutes les vérités. Heureux serions-nous, s'il suffisait de chercher la solution d'un problème et de nous adonner patiemment à sa découverte pour la conquérir. Mais hélas! il n'en est pas ainsi, et nul homme n'est sans avoir connu la déception d'un raisonnement, au milieu duquel on est contraint de s'arrêter. Incapable d'aller plus loin, l'esprit s'épuise en efforts infructueux, et frappe en vain à la porte de la vérité qui refuse de s'ouvrir. Veut-on passer outre, ce n'est plus la route droite que l'on suit, mais une route oblique; ce n'est plus sur le terrain de la certitude que l'on marche, mais sur celui du doute; on ne pénètre plus, mais on contourne.

Dès lors il est important de déterminer dans quelles limites nous pouvons, au moyen de la raison et du raisonnement, acquérir des connaissances de droit naturel; c'est-à-dire de déterminer jusqu'à quel point ils peuvent nous apprendre avec certitude dans quelle situation serait le monde extérieur, s'il atteignait à tout moment le plus haut degré de sa perfection.

A première vue, il semble qu'il faut admettre que la raison et le raisonnement nous sont à cet égard d'un grand secours, et qu'ils nous fournissent des données nombreuses sur la perfection des choses, soit qu'il s'agisse des plus minutieux détails des êtres concrets, soit qu'il s'agisse de lois abstraites relativement communes. Ainsi, l'anatomie, étudiant le corps de l'homme, énumérera tous les éléments chimiques dont il devrait être composé, indiquera le nombre et la proportion de ses organes. Ainsi l'hygiène déterminera la composition de l'atmosphère la plus favorable à l'espèce humaine. Ainsi encore, le droit fixera les conditions générales du mariage, de la propriété, des obligations. Ces règles diverses seront toutes justifiées en apparence par des raisonnements. Mais combien les résultats que donnent ceux-ci, et j'entends parler des meilleurs, sont encore loin de la certitude, spécialement lorsqu'ils portent sur des matières de droit naturel.

Que l'on songe en effet qu'il ne suffit pas de dire ce que c'est qu'un homme parfait, qu'une atmosphère parfaite pour prétendre avoir atteint cette perfection que le droit naturel exige. Cette perfection n'est pas celle des détails, mais celle de l'ensemble, dans laquelle les détails peuvent parfois être sacrifiés. Car j'ai déjà fait remarquer précédemment que la perfection de ceux-ci est quelquefois une monstruosité; qu'il semble qu'il y a dans la nature une loi qui veut que l'harmonie résulte d'une oppression partielle de tous les êtres ; que c'est ainsi que si on laissait les chenilles ou les sauterelles se développer librement, elles deviendraient un fléau pour le reste des choses et bientôt pour elles-mêmes. Ce qu'il faut donc découvrir, ce n'est pas la perfection de tel ou tel être déterminé, mais l'état dans lequel il serait si l'ensemble était arrivé à sa perfection. De même que dans un orchestre l'harmonie ne peut exister que lorsque la force de chaque instrument a été proportionnée à la force de chacun des autres; de même que tel instrument, agréable à entendre lorsqu'on en joue séparément, romprait l'harmonie de cet orchestre s'il avait un son trop retentissant; ainsi, dans la nature, la perfection d'un être isolé pourrait être une exagération dans la totalité. Or, pour concevoir l'état dans lequel serait un être déterminé si l'ensemble du monde était arrivé, à un moment donné, à sa plus complète perfection eu égard à ce moment, il faut concevoir cet ensemble, et c'est là une tâche devant l'accomplissement de laquelle notre esprit s'arrête effrayé et avoue son impuissance. Voir le vaste organisme de l'univers dans la perfection de ses transformations incessantes; assister en pensée à toutes ses modifications rationnelles; ne laisser échapper aucun détail quelque minime qu'il soit; concevoir enfin exactement tout ce qui devrait être pour que tout fût pour le mieux, et le concevoir, non pas seulement à un instant déterminé, mais à tout instant, puisque le droit naturel n'est pas un idéal immobile et unique, mais la perfection successive du monde à chaque transformation nouvelle, et qu'il n'est pas absolu mais contingent ; quel admirable rêve pour une intelligence ! Mais aussi, comme il est impossible de le réaliser, et comme chacun comprend cette impossibilité, comme chacun sent qu'il n'est pas de raisonnement qui puisse avec certitude arriver à ce résultat gigantesque !

Ce serait donc agir à la légère que de croire que la perfection d'un des êtres dont nos sens nous apprennent l'existence, est une perfection qui doit nécessairement trouver place dans le droit naturel, si, bien entendu, cet être présentait des rapports de droit. Il se pourrait très-bien, en effet, que cette perfection ne fût qu'un excès dans celle de l'ensemble. Conclure, par exemple, que l'on ne peut être plus d'accord avec le droit naturel, qu'en favorisant le développement de l'espèce humaine, et en provoquant ainsi la naissance d'êtres qui semblent tous, dans l'ordre légitime des choses, appelés à voir le jour, pourrait être une violation de ce droit. Déjà les recherches de Malthus sur la population, recherches qui ont donné lieu à des principes qui se vulgarisent tous les jours, prouvent quelles peines terribles la nature attache à la multiplication exagérée des hommes. Mais il y a plus, car on peut même dire qu'en se maintenant toujours au point de vue de la certitude, l'existence même des êtres qui se trouvent dans la réalité est une chose dont la légitimité ne peut être considérée comme établie.

Puisque, en effet, nous ne pouvons concevoir avec certitude cet ensemble qui seul pourrait nous donner une notion exacte du droit naturel, nous ne savons pas plus quels êtres y doivent trouver place que nous ne savons, comme je viens de le démontrer, à quel degré de perfection chaque être y doit être arrivé. Et que l'on considère que le fait de l'existence actuelle d'un être n'est pas un argument pour démontrer la légitimité de cette existence ; que de choses, en effet, autour de nous qu'il semble convenable de faire disparaître, et que de choses qui disparaissent en vertu de décrets que nous fondons uniquement sur l'amour de l'ordre et du bien ! Quand un fléau ravage la terre, qui n'en souhaite l'extinction ? Quand un tyran désole un peuple, qui n'appelle sur lui la mort? Il faut donc, pour justifier l'existence, d'autres raisons que l'existence. Et, en droit naturel, il faudrait, pour faire cette justification à propos d'un être déterminé, concevoir cet ensemble des choses dont la conception est impossible pour nous.

Oui, affirmer comme chose certaine la légitimité même de l'existence de l'homme serait une inexactitude. Je sais que cela semble aller contre le sentiment commun, et que les fils d'Adam qui, tous les jours condamnent impitoyablement à mort des myriades d'êtres qu'ils considèrent comme nuisibles, revendiquent pour eux seuls l'inviolabilité. Mais si c'est là un privilége que peut justifier le droit du plus fort, ce n'est point une vérité que peut accepter la certitude dans la science, et il m'est dès lors permis de la repousser ici. Cette réflexion est d'une très-grande importance, parce que la légitimité de l'existence de l'homme est acceptée comme un point certain au début de presque toutes les théories du droit naturel, dont elle forme le point de départ; parce que c'est aussi à la légitimité de cette existence que se rattachent en grande partie toutes les doctrines morales et politiques qui sont en honneur dans les sociétés. Elle est la principale et souvent l'unique raison de la plupart des principes que ces doctrines proclament. Elle n'est pourtant qu'une allégation douteuse dictée par l'égoïsme et le sentiment de la conservation personnelle. Elle existe au même degré chez tous les êtres, et l'homme est heureux d'avoir des facultés qui lui permettent de subjuguer les autres créatures, car si parmi celles-ci il en était qui pussent triompher de lui, elles l'asserviraient et le réduiraient à n'être pour elles qu'un instrument de leur bien-être, en invoquant ce même principe de prétendue supériorité qu'il fait valoir aujourd'hui pour justifier la domination tyrannique qu'il s'est arrogée sur elles.

Dans ce fait que la façon dont j'entends le droit naturel m'amène à mettre en doute la légitimité de l'existence de l'espèce humaine, quelques-uns croiront peut-être trouver une preuve que je m'en fais une idée inexacte, et qu'il serait plus vrai de dire que le droit naturel doit se borner à enseigner la perfection de l'homme et de toutes les conditions nécessaires pour amener son développement complet. C'est en somme ainsi qu'on l'entend le plus souvent. Mais je dois combattre cette conception qui part d'un principe faux pour aboutir à une doctrine étroite, où se reproduit ce principe que j'ai déjà attaqué précédemment, et qui consiste à faire de l'homme la fin de toutes choses. Ce serait en effet une singulière doctrine de la perfection que celle qui aurait pour but de favoriser le développement d'un être ou d'une classe d'êtres contrairement à la nature. Elle ne mériterait pas le nom de doctrine philosophique. Ce qu'il importe d'établir avant tout lorsque l'on veut prétendre se conformer à l'ordre naturel des choses, c'est de prouver la légitimité de l'existence des êtres que l'on veut protéger et développer; si cette base n'est pas inébranlable, tout ce que l'on prétendra édifier sur elle restera sujet à discussion.

Si donc vous voulez justifier une doctrine dont le but est le développement de l'humanité, et qui par suite recherche avec soin tout ce qui peut favoriser ce développement, commencez par démontrer qu'il est bon pour l'ordre universel des choses que l'humanité vive, florisse et se perpétue dans le temps et dans le lieu où vous voulez la faire vivre et florir; et n'oubliez pas, qu'aussi longtemps que vous vous bornerez à dire pour démontrer la légitimité de son existence : Elle est, donc elle doit être, je pourrai vous répondre et vous démontrer la fragilité de votre principe en vous disant : La fièvre est, donc elle doit être.

La philosophie religieuse prétend démontrer la légitimité de l'existence de l'homme par d'autres raisons. Il n'est personne d'entre nous dont l'enfance n'ait été charmée par la description riante du paradis terrestre, et le récit de la création d'Adam et de sa compagne, pétris tous les deux des propres mains de la Divinité, et recevant de son souffle la vie et la beauté. La preuve est ainsi bientôt trouvée; il suffit de dire : Ce que Dieu même a fait est bien fait. Mais j'ai déclaré précédemment que telles n'étaient point les démonstrations qui pouvaient me satisfaire, et tout ce qui en résulte a été par moi franchement écarté, quand j'ai banni de cette étude les inspirations aussi poétiques qu'hypothétiques qui prétendent trouver un irrécusable fondement dans la révélation sacrée.

De même donc que la conscience, le goût et le bon sens n'ont pu me donner la solution que je cherchais, ainsi la raison et le raisonnement n'ont pu m'y faire parvenir. C'est en vain que, s'appuyant sur les données des sens, ils engendrent des conceptions qui paraissent être supérieures à la réalité; rien ne me prouve que ces conceptions sont de celles qu'il m'est permis de ranger parmi les vérités certaines du droit naturel. Agissant isolément, les sens et les intermédiaires spirituels n'ont rien pu me faire obtenir de ce que je leur demandais. Je viens de constater que leur action combinée n'est pas plus heureuse. Ce dernier recours me fait défaut comme les autres. Après avoir interrogé toutes les sources des connaissances humaines, je n'en suis arrivé qu'à m'assurer de l'impuissance de chacune d'elles pour me faire atteindre le but auquel j'aspirais. Parvenu au terme de ce voyage infructueux, il ne me reste plus qu'à conclure, en réunissant le résultat de ce second chapitre à celui que m'avait donné le précédent.

CHAPITRE III.

CONCLUSION.

Je voulais découvrir si la certitude est possible pour l'homme dans le droit naturel. Je sais maintenant à quoi cette certitude se réduit. Je ne puis douter que le droit naturel existe; qu'il est là, partout autour de moi, caché au fond des choses, ou peut-être même réalisé dans cette nature dont mes sens perçoivent les manifestations diverses; mais je suis incapable de le discerner avec certitude. Je suis, en ce qui le concerne, comme un aveugle qui n'ignore pas qu'un monde vit et se meut autour de lui, mais qui ne le voit pas : ce qu'il désire, ce qu'il cherche est peut-être devant lui ou passe à portée de sa main sans qu'il s'en doute, sans qu'il s'en émeuve.

La nature a donné à l'homme des moyens d'acquérir des connaissances, mais elle s'est montrée avare envers lui de ceux par lesquels il eût pu acquérir des connaissances certaines sur le bien et sur le mal, sur le juste et sur l'injuste. Elle lui a donné une imagination dont il semble que rien ne peut arrêter l'essor, et une raison qui, lorsqu'elle veut sortir du doute pour pénétrer dans la certitude, se heurte à chaque pas contre d'invincibles obstacles, comme un frelon captif contre la glace d'une fenêtre. Elle l'a, semble-t-il ainsi, fait poëte plutôt que philosophe. Elle lui a donné la soif de la vérité en le condamnant, nouveau Tantale, à n'y pouvoir tremper que le bout des lèvres. Par une sorte d'amère dérision, elle lui a dit : Tu sauras que le droit naturel existe, mais tu ne le découvriras pas ; il sera pour toi comme un grand édifice où tu ne pénétreras pas.

Cette conclusion, peu consolante, paraîtra peut-être empreinte d'exagération. Pourtant ne résulte-t-elle pas de l'analyse qui précède? Que l'on me prouve que l'homme a en lui une faculté qui lui permet de concevoir le monde tel qu'il serait s'il était parfait, à chaque moment de sa vie éternelle ; une faculté par laquelle nous pouvons distinguer avec certitude ce qui doit être et ce qui ne devrait pas être ; qu'on me la montre, et je me rends. Nos illusions doivent céder devant la logique ; et, s'il n'était ici question que de l'orgueil de l'homme, je dirais que celui qui sait qu'il ignore beaucoup, peut avec raison se croire plus grand dans l'affliction que lui cause la conscience de sa misère, que celui qui triomphe et se réjouit, ne sachant rien et pensant tout savoir. On s'étonne et on se révolte quand une voix s'élève pour dire que bien des choses auxquelles on croit sur la foi de l'habitude sont douteuses ; que mille préjugés acceptés comme des vérités certaines sont discutables ; que cet ensemble de principes sur lesquels les hommes appuient leurs sentiments de probité, d'honneur, de justice, sont fragiles et peuvent être aisément ébranlés. On est alors entraîné à se montrer incrédule, et ce n'est pas trop de toutes les forces qui peuvent porter la conviction dans les esprits, pour vaincre la répulsion qui se manifeste partout. Encore ne réussit-on pas toujours. Pénétré de ces vérités, je ne veux pas quitter mon sujet sans essayer un dernier assaut en faveur de la doctrine que je défends, et dans l'exposé de laquelle j'ai dû marcher d'un pas rapide, car mon temps était compté et l'espace que je pouvais parcourir était fixé : je ne pouvais être long.

L'opinion générale est, sans contredit, qu'en matière de droit naturel la certitude est possible dans des limites autrement larges que celles que j'ai indiquées ; et celui qui soutiendrait que la science entière de ce droit est possible pour l'homme, serait accueilli plus favorablement et paraîtrait se rapprocher plus de la vérité que celui qui soutiendrait ce que j'ai soutenu. On est toujours le bienvenu quand on s'annonce comme devant combler des désirs; or rien n'est commun comme de désirer ce à quoi on ne peut atteindre. L'homme aspire à connaître le droit naturel, il se croit capable d'y parvenir : on le choque et on l'insulte, semble-t-il, quand on lui affirme qu'il n'en est rien. Pourtant, s'il y croit, il faut qu'il ait eu quelque motif de le faire, car l'esprit même le plus disposé aux illusions résiste difficilement quand il est battu en brèche par l'évidence de ses erreurs. Quelles sont donc les raisons, au moins spécieuses, qui ont pu amener cette croyance presque générale dont je proclame l'inexactitude?

On en doit, je pense, trouver la première cause dans la confusion que l'on a presque toujours faite entre ce qui n'est que vraisemblable et ce qui est certain. C'est un phénomène assez intéressant que de voir comment, en matière philosophique, l'esprit de l'homme, à peine entraîné dans un sens, glisse rapidement sur la pente de la vraisemblance pour arriver à la certitude, sans se douter qu'il change de domaine. Même celui qui dans la vie pratique se montre défiant et prudent, fera communément preuve de légèreté s'il aborde les spéculations de la philosophie. Quiconque pense un peu, a son système, qui n'est souvent qu'une hypothèse à laquelle il fait l'honneur de la traiter comme si elle était une vérité certaine. Cela s'explique quand on considère que, dans la vie ordinaire, les hommes ou les circonstances se chargent de nous rappeler sans cesse à la vérité, tandis que, dans le monde des spéculations, l'esprit se meut en liberté, et peut s'égarer sans empiéter sur les droits de qui que ce soit. On ne peut impunément prendre la maison de son voisin pour la sienne; mais on pourra, sans inconvénient pratique, croire ou ne pas croire à l'immortalité de l'âme.

Or, cette confusion habituelle entre la certitude et la vraisemblance, c'est-à-dire entre des choses qui sont, comme on l'a vu, éminemment distinctes, cette facilité que l'on a à les prendre l'une pour l'autre explique ce qu'il peut y avoir de contraire à l'opinion commune dans ce que j'ai dit; car si l'on écartait avec rigueur de tout ce qui a été enseigné et de tout ce que l'on pense sur le droit naturel, les théories qui ne sont que vraisemblables, on arriverait, je le crois avec conviction, à renfermer la certitude dans le cercle étroit où je l'ai confinée.

Une autre cause fréquente de cette confiance irréfléchie que l'on montre dans la certitude d'une foule de choses douteuses, c'est ce que je nomme le passage illégitime de l'abstrait au concret dans les sciences. Je m'explique.

Il arrive que de l'observation d'une série d'êtres particuliers on tire une loi qui s'applique à tous les êtres du même genre. Ainsi, par exemple, en remarquant les règles qui paraissent présider à l'union des sexes, certains philosophes ont pensé que le mariage était l'union de deux êtres de sexe différent, appartenant au même genre, et destinés à se compléter l'un l'autre. De même on a dit que la propriété était l'attribution à un être d'une chose dont il doit pouvoir user à l'exclusion de tout autre. De même encore on a enseigné que les obligations étaient les services que chaque homme est naturellement tenu de rendre à ses semblables. Ces différentes définitions paraissent exactes, et on les range avec raison dans le droit naturel du moment où, admettant la légitimité de l'existence de l'homme, rien ne semble plus parfait que d'unir chaque homme à la femme qui lui convient, que de donner à chaque citoyen la propriété qui lui revient, que d'imposer à chaque individu les devoirs qu'il a à remplir. Si l'on s'en tenait là, on resterait dans le vrai et le certain, en faisant, bien entendu, les concessions que j'ai dites. Mais on va plus loin. Ces conceptions du mariage, de la propriété, des obligations, ne sont que des conceptions abstraites, c'est-à-dire qu'elles n'indiquent nullement quelle est, pour un homme donné, la femme qui doit être préférée, ou la chose qu'il doit recevoir en propriété, ou les obligations qu'il peut exiger de ses semblables. Elles valent ce que valent les conseils de ces gens qui vous disent: Faites le bien, soyez vertueux, ayez de l'esprit, sans préciser en rien ce que c'est que le bien, l'esprit et la vertu. On se sert cependant de ces conceptions abstraites pour justifier les choses concrètes. Ainsi, par exemple, on soutiendra, en s'appuyant sur la définition du mariage que j'ai rappelée, qu'il est prouvé que tout mariage conclu dans nos sociétés positives doit être respecté, alors que souvent les conjoints ne seront pas du tout ces deux êtres destinés à se compléter l'un l'autre, dont il est parlé dans la définition prémentionnée de l'union conjugale. On soutiendra, en recourant à la définition de la propriété, que toute propriété est légitime, tandis que fréquemment on verra tel ou tel en possession de ce qui eût dû revenir à d'autres. De même enfin, pour les obligations, on s'appuiera sur leur définition rationnelle pour justifier même des engagements contraires à ce qu'exigeait la nature. C'est là ce que je nomme le passage illégitime de l'abstrait au concret. On passe en effet de l'un à l'autre sans aucune espèce de raison. Ce procédé irrégulier est employé plus qu'on ne pense dans les raisonnements qui servent à fonder une certitude erronée. On croit avoir tout fait pour justifier un état de choses concret lorsqu'on a cité la loi abstraite qui paraît s'y rapporter. Ce que je disais tantôt des obligations, de la propriété et du mariage est si vrai, que si nous nous supposons en présence d'un juriste philosophe à qui l'on demande d'expliquer, par exemple, pourquoi il considère comme incontestables et fondés en raison les devoirs de fidélité conjugale de deux époux déterminés, ou le respect qu'il exige pour la propriété d'un citoyen et pour les obligations loyalement contractées, il vous répondra en raisonnant de la manière suivante : L'homme et la femme sont deux êtres incomplets par eux-mêmes, mais dont chacun trouve dans l'autre ce qui lui manque ; quand par suite on les unit de façon à constituer un seul tout où plus rien ne fait défaut, on accomplit une œuvre conforme à la nature. Le mariage est donc de droit naturel, et dès lors il faut respecter tout mariage. — S'agit-il de propriété, il vous dira : L'homme a des besoins à satisfaire ; il ne peut vivre isolé ; mettez-le dans une île déserte et inculte, il y périra de besoin ; il y a donc des choses qui lui reviennent et qui sont destinées à subvenir aux nécessités de son existence ; il faut dès lors les lui attribuer pour qu'il en use et en jouisse. En cela on accomplit encore une œuvre conforme à la nature. Donc la propriété est aussi de droit naturel, et dès lors il faut respecter toute propriété. — S'agit-il enfin d'obligations, il vous répondra : Sans le secours de ses semblables, l'homme n'atteint qu'imparfaitement sa destination ; ses besoins sont si nombreux qu'il ne peut tous les satisfaire ; Robinson, dans son île, où la nature lui prodiguait tous ses trésors, souffrait de mille privations ; il faut donc que les hommes se distribuent le travail ; qu'ils se prêtent mutuellement secours. Cela aussi est fondé dans la nature des choses. Donc, à leur tour, les obligations sont de droit naturel, et il faut les respecter comme telles.

Ces divers raisonnements ont une apparence logique qui les fait accepter en général le plus facilement du monde. Mais cependant ils sont vicieux et, introduits dans la science sous un masque trompeur, ils y ont de tout temps causé de fâcheuses erreurs. Il faudrait, en effet, pour qu'ils fussent à l'abri de toute critique, non-seulement justifier de la façon que je viens de reproduire, et qui est très-acceptable, la légitimité en général du mariage, de la propriété et des obligations, mais encore démontrer, ce qu'on ne fait nullement, que si un homme et une femme sont unis, que si un particulier est propriétaire d'un objet, que si un autre s'est obligé à quelque chose, cet homme et cette femme sont précisément ceux qui, parmi tous les autres, étaient destinés à se compléter ; que de même l'objet attribué en propriété revenait à celui qui le possède, à l'exclusion de toute autre personne ; qu'enfin l'engagement contracté portait sur un service qui devait être presté, d'après la nature, à celui envers qui l'on s'est obligé. Car si Pierre avait épousé la femme qui eût dû revenir à Jacques ; si Jean était propriétaire d'un objet qu'il eût fallu attribuer à Simon, ou si ce dernier s'était engagé envers Jean à faire quelque chose qu'il eût dû faire pour Paul seul, toutes hypothèses qui laissent subsister dans leur entier les raisonnements ci-dessus, ne voit-on pas que ces raisonnements aboutiraient à légitimer des iniquités? Je le répète, cela provient de ce que chacun d'eux est un passage illégitime de l'abstrait au concret, source d'opinions souvent très-tenaces, mais entachées d'inexactitude.

Puis viennent encore comme causes de ces convictions qui sont en opposition avec la solution que j'ai donnée du problème, la valeur exagérée que l'on attribue aux données de la conscience, du goût et du bon sens; la croyance si bien enracinée que le seul fait de l'existence de l'homme justifie la légitimité de cette existence, erreurs dont j'ai démontré la vanité dans le chapitre qui précède. Puis d'autres causes encore, car je ne saurais les recueillir toutes. Bref, leur examen attentif convaincra que, dans la science du droit naturel, la certitude ne sort pas du terrain dans lequel je l'ai circonscrite.

Je regrette de n'avoir pu donner à toutes les preuves que j'ai présentées de ma doctrine le développement dont elles sont susceptibles, et de ne pas avoir énuméré toutes celles dont on aurait pu l'appuyer. Je ne crois pas exagérer en disant que tout ce que j'ai touché exigerait un volume, au lieu d'une brochure, pour être mis dans toute sa lumière; mais j'espère que les méditations du lecteur suppléeront à une insuffisance que je n'ai pu éviter par un double motif : ma faiblesse d'abord, la brièveté obligée de cet essai ensuite.

En présence du résultat auquel je suis parvenu et qui m'a démontré que si l'on veut prendre le droit naturel dans sa situation large et raisonnable, il n'est presque plus possible d'y trouver quelque certitude; en présence d'un résultat qui équivaut presque à la négation de la science de ce droit, ou tout du moins à la négation de cette science dans ce qu'elle a de plus robuste, il importe peut-être de dire comment j'entends qu'elle puisse s'enseigner. Ou bien on la représentera telle que je l'ai fait voir, restant ainsi dans la vérité rigoureuse, et alors tout se bornera à montrer qu'on n'en peut franchir le seuil. Ou bien, adoptant des préjugés partout acceptés, sacrifiant à des convictions partout répandues, on partira de ce fait que tout l'effort de la vie de l'univers doit tendre à la conservation et au perfectionnement de l'humanité. Alors on voguera à pleines voiles dans l'océan des idées reçues. Alors le droit naturel verra s'ouvrir devant lui de grandes perspectives pour les recherches des penseurs. Alors la certitude mourante reprendra ses forces. Alors enfin, le philosophe ne devra plus dire : Ne me demandez rien, car je ne sais rien; il pourra remonter dans sa chaire, et ses discours retrouveront leur fécondité. Mais qu'on n'oublie pas que tout cela ne pourra se faire qu'au prix d'une concession que la raison n'autorise pas.

Ainsi fut cependant toujours entendu l'enseignement du droit naturel; peut-être convient-il de le maintenir dans cette situation, quand on considère que rien ne peut prévaloir contre le flot tout-puissant des préjugés qui ont pour base le sentiment de la conservation personnelle, et qu'alors même qu'il ne serait plus douteux, mais certain que l'humanité n'est qu'un fléau sur la terre, on ne persuaderait jamais à cette humanité de se suicider pour délivrer le monde de sa funeste présence.

Si des concessions peuvent ainsi ramener la science au niveau des idées communes; si l'on peut indiquer avec précision par quelles altérations de la vérité absolue on la travestit de façon qu'elle ne heurte plus violemment les axiomes prétendument vrais qui forment la base de tout ce que l'homme a appelé justice, morale, honneur, ramenant tout effrontément à ce qui le sert et à ce qui le conserve; il faut cependant, quand on écarte les mensonges, les tromperies et les déguisements, qu'on se résigne à accepter un état de choses peu en rapport sans doute avec nos illusions et notre vanité, mais contre lequel nous lutterions en vain. Du reste, quel titre l'homme a-t-il donc de se prétendre, comme il ne le fait que trop, appelé à tout pénétrer et à tout connaître? Qu'est-ce donc qui l'a convaincu qu'il était le premier de tous les êtres, et que ce monde infini, au sein duquel il est perdu, n'avait été créé que pour lui? D'où lui est venu ce rêve insensé d'orgueil auquel, par une accumulation monstrueuse de préjugés et d'erreurs continuée pendant des siècles, il ajoute foi aujourd'hui comme à une vérité toute simple? Il se croit la fin de toutes choses, alors qu'il n'est peut-être qu'un rouage obscur dans l'organisme universel. Il se croit le but et n'est peut-être qu'un moyen. Il s'imagine qu'il est né pour sa félicité propre, tandis qu'il n'est peut-être créé que pour la félicité d'autrui. S'il en était ainsi, qu'y aurait-il donc d'anomal à ce qu'il lui manquât quelques-unes de ces hautes facultés auxquelles il aspire; et si la certitude lui était fermée en tout ou en partie, quel motif aurait-il de s'en étonner? Certes, c'est une chose étrange que de voir avec quelle naïveté on repousse tout ce qui tendrait à faire croire que l'esprit humain n'a pas une portée infinie; toute doctrine par laquelle on essayerait de rabattre un peu de l'importance que l'homme s'est attribuée si bénévolement à lui-même, et qu'il revendique sans cesse en appelant à son aide les mots les plus pompeux et les plus sonores. Ayons le bon goût, à défaut du bon sens, de nous reconnaître petits si nous le sommes, faibles si la force nous manque, misérables si nous ne sommes rien de plus; avouons notre ignorance si le savoir nous fait défaut, contentons-nous du doute si la certitude nous échappe, et ne nous donnons pas le ridicule de nous croire des dieux quand nous ne sommes peut-être que des vermisseaux.

Mais d'où vient que nous sommes condamnés à cette condition misérable de ne pouvoir atteindre à la certitude que dans des limites presque dérisoires, et qu'elle se montre pour nous comme une patrie après laquelle notre intelligence soupire, mais dont elle est exilée? Cette infirmité de notre nature n'est-elle qu'un état passager et l'avenir réserve-t-il à l'humanité un développement qui lui donnera ce qui aujourd'hui lui manque? Ou bien cette impuissance où nous sommes de concevoir avec certitude ce qui devrait être, n'est-elle qu'une loi prudente qui a pour résultat de ne pas jeter en nous le découragement et le désespoir qui résulteraient peut-être de la comparaison entre la perfection possible et la dégradation réelle; fallait-il laisser à nos esprits les illusions ou tout au moins l'ignorance, pour qu'on ne nous vît pas succomber au dégoût que nous causerait la connaissance vraie de la valeur des choses? Problèmes profonds que je ne veux pas aborder ici.

Le moment est proche où je devrai me taire. L'excursion que j'ai faite en courant dans les larges plaines de la science, touche à son terme. Qu'on me permette de jeter un dernier coup d'œil sur les points de vue principaux que j'ai fait entrevoir et qui vont bientôt disparaître.

Touchant d'abord cette question capitale de la différence tranchée qui sépare la vraisemblance de la certitude, j'ai indiqué les conditions rigoureuses qui caractérisaient la seconde, en signalant les confusions incessantes par lesquelles on l'identifiait à la première. Examinant ensuite ce que c'était que le droit naturel, je l'ai montré dans tout rapport d'organisation sanctionné par une loi et admettant une contrainte; j'ai dit qu'il était la perfection réelle et pratique des choses, à tous les moments de l'existence du monde, et j'ai du même coup écarté cette doctrine bizarre qui en voudrait faire quelque chose d'immobile planant au-dessus des êtres, le même dans tous les temps et dans tous les lieux, et constituant un idéal auquel on aspire sans cesse sans pouvoir jamais y atteindre. J'ai fait ressortir ce qu'il y avait d'absurde dans un pareil système, qui propose à l'imitation des hommes un idéal inimitable. J'ai attaqué aussi ce préjugé qui voit dans l'homme le prince de l'univers et qui, limitant le droit à ce qui sert à celui-ci, le dénie à tous les autres êtres; j'ai repoussé cette conception étroite et égoïste. En même temps que j'ai élevé d'autres êtres à cette dignité que l'humanité s'était arrogée, j'ai fait descendre celle-ci de son piédestal, en lui montrant l'incertitude des principes dont le seul titre consiste dans cet axiome inexact que l'existence de l'homme est incontestablement légitime. J'ai fait voir, enfin, que le droit naturel était une science que le doute peut revendiquer presque tout entière, et où la certitude n'occupe qu'une infime région, perdue comme un petit royaume sur la vaste carte du monde.

C'est une impression de tristesse que laisse dans l'âme humaine toute découverte de sa débilité, et c'est pourquoi en terminant je n'échappe pas à cette impression. Avoir cru à la justice d'une foule d'institutions sociales, et devoir avouer que les mieux fondées en apparence n'ont aucune certitude; voir s'écrouler aux secousses impitoyables de la raison l'édifice de nos croyances; avoir été convaincu de l'évidence du droit, et découvrir qu'il est un profond mystère; oui, il y a, dans cette dispersion des pensées auxquelles l'éducation avait habitué l'âme, quelque chose qui oppresse et qui déchire. On croirait voir une troupe d'hôtes, accueillis depuis longtemps, regardés comme faisant partie de la famille, chéris, estimés, respectés, et chez lesquels on découvre un jour des vices dégradants soigneusement dissimulés. On les bannit du foyer domestique, mais en regrettant la sérénité évanouie du passé.

Pourtant il ne faut pas outrer les conséquences du résultat auquel je suis parvenu. Il importe en effet de se souvenir qu'à côté de la certitude, la vraisemblance légitime siége dans la science, et que si elle n'y occupe qu'un rang inférieur, elle a néanmoins aussi sa dignité et son prix. Peut-être que ses investigations seraient plus heureuses. C'est sur elle que se rejetteront ceux qui, possédés de l'amour du vrai, ne renonceront à l'atteindre que lorsqu'ils auront épuisé tous les moyens dont ils peuvent user. Là où le mieux fait défaut, il faut savoir se contenter du médiocre. A défaut de certitude, il ne faut pas dédaigner la vraisemblance, pourvu qu'on ne lui attribue pas une importance qui ne lui convient pas. La conclusion de cette étude nous rejette donc vers une voie nouvelle; elle nous indique un nouveau problème, d'autant plus digne de nos recherches que l'issue du premier a été plus malheureuse. Dans quelles limites la vraisemblance légitime est-elle possible pour l'homme dans le droit naturel, tel serait son énoncé. Sa première condition serait de rechercher et de perfectionner les moyens qu'a notre esprit d'acquérir la vraisemblance légitime, et qui consistent principalement dans les règles de l'induction dont la valeur se trouverait augmentée, puisque la déduction qui a, en général, la prééminence sur elle, doit être écartée comme impuissante. Où le premier rang disparaît, le deuxième rang devient le premier. Mais, ce n'est pas à moi qu'il convient de pénétrer plus avant dans cet ordre d'idées, car j'ai fixé le terme de ma course; j'y suis parvenu, et je ne veux pas le dépasser.

TABLE DES MATIÈRES.

Bruxelles. — Typ. Bruylant-Christophe et Cie, rue Blaes, 31.

www.ingramcontent.com/pod-product-compliance
Ingram Content Group UK Ltd.
Pitfield, Milton Keynes, MK11 3LW, UK
UKHW021308190726
13839UKWH00007B/532

9 782329 369051